JN074523

Tax Law &
Tax Affairs Handbook

税法入門
ハンドブック

令和**5**年度版

税理士
山内克巳 著

中央経済社

はじめに

　本書は，初めて税の実務に携わる方，初めて税法を学ぼうとする方の入門書として刷成したものです。

　税法は，技術的で難解・複雑で専門的であるとの印象を持たれがちです。しかしながら，一方では，税法は民法等の基本法と密接な関係を持ち，人々の日常生活に深く関わっている身近な法律でもあるために，近寄りがたい法律として放置しておくわけにはいかない面が多々あると思われます。

　例えば，税理士事務所に新人として採用された方，公認会計士事務所で初めて税務関係の業務に従事する方，地方公共団体の税務行政の担当課に新しく配属された方，企業の経理や税務の担当者として新たに配属された方，大学で会計学を専攻しながら税法の講義も聴講する方，等々の方々にとっては，「税法」は，それぞれの人の生活の基盤となる仕事等の一部をなすものとして理解をしておかなければならない「法律」ということになるはずです。

　ただ，そうはいっても，これら初心者の方にとって，「税法」は，必ずしも高度な学術的領域の習得が必要な「法律」と位置付ける必要はないと考えられます。なぜなら，税法で第一段階として習得すべき範囲は，いわゆる実務家として，その職責などに応じて必要とされるレベルのものだけでよい，言い換えれば，その人の業務等を遂行していく上で必要不可欠な部分の基盤事項だけを習得すればよい，といえるからです。

　例えば，税理士事務所の新人の方を例にとれば，取りあえずは，ベンダーから提供される税務会計システムを有益に使いこなすために必要な基本的な税法の知識を身に付ける，ということだけでよいはずです。最初から，高度な知識を有する専門家である必要はないからです。

　一方で，税法が最終的に求める成果物が何かといえば，それは，各税法に則って所得金額や税額を計算して税務申告をすることであるといえます。そのため，上記の初心者の方においても，学術的知識以外の，課税の仕組み，所得金額や税額の具体的な計算方法，その計算過程における重要な課税上の取扱いについては，基本的な部分の事項を理解をすることが要求されるということになります。

　このような初心者の方に求められている「習得すべき事項」を解説すること

が本書の目的です。本書は，単なる理論書となることを避けつつ，実務においても十分役立ち，税法の全般的，体系的知識を身に付けようとする方々の「テキストブック」としての書物を目指しているといえます。

したがって，本書は，まず，難解な条文の引用は極力排した上で，入門書としての手軽さを重視したものとなるよう配意しています。加えて，次のような点にも配意した記述や構成を採用しているという特色を有しています。

① 内容は，税法の大部分の範囲をカバーしているが，税制全般をコンパクトにわかりやすくまとめている。

② 税についての断片的な知識ではなく，税及び税法の本質についての理解を深めることを目的としている。

③ 各税法の現行制度を理解する上で必要と思われる租税史は記載している。

④ 図解や表形成の記述を多く使い，税法の内容等を簡潔に記載している。

⑤ 主要な税法については，その税法の内容を様式表示している税務申告書の構造（仕組み）も解説するとともに，基幹部分の記載例も示して理解を深めることとしている。

⑥ 各税法の記述の最初に全体像を示し，その後に各種取扱いを関連付けながら解説して，その税法の構造や税務申告に至るまでの過程を理解できるようにしている。

なお，本書の内容につきましては，紙面の都合上，十分に意を尽くせなかったところもあります。そのため，初心者の方のテキストとして本書をより有益に活用して頂くためにお気付きの点，内容の充実に関する点等のご指摘がありましたら，ご意見等をお寄せ頂ければ幸いです（info@chuokeizai.co.jp 宛）。

また，本書が，読者の皆様が各税法の理解をされるのに大きな役割を果たすものとなれば，幸いです。

最後に，本書の出版に当たり，企画，編集，校正等を通じて労を惜しまずご協力を頂き，適切な助言等を頂いた中央経済社の実務書編集部の牲川健志次長はじめ編集部の皆様には，心からお礼を申し上げます。

令和 5 年 7 月

山内　克巳

第1章

租税の意義機能等と
我が国の近代税制の歴史

1 租税の意義

　国や地方公共団体（以下「国等」といいます）は，国民や住民等に多くの公共サービスを提供していますが，その費用の多くは税によって調達されて賄われています。そして，この税，すなわち租税は，公共のサービスを提供するための資金を調達する目的で，法律の定めに基づいて国民や住民等に一方的に課するものです（このサービスのための資金は，サービスを直接受ける者から賄う反対給付ではありません）。

（参考）　我が国の租税の特徴

　　現在の我が国の租税は，その特色や他の国家収入との相違点をみると，①公共サービスのための資金調達を目的とすること（租税の公益性），②一方的，権力的課徴金の性質を持つこと（租税の権力性），③特別の給付に対する反対給付の性質を持たないこと（租税の非対価性），④納税者の能力に応じて課されること及び⑤金銭給付であることを原則とする，といった特徴があります。

　　租税は，国民の富の一部を強制的に国家に移す手段ですから，国家への財産の拠出を強要するという性質を持たざるをえず，現代において租税の賦課・徴収が必ず法律の根拠に基づいて行われなければならない（租税法律主義。19頁参照）とされているのは，租税の持つこのような性質によるものです。また，租税は，租税法に定める特定の要件に該当するときは，課税庁である国又は地方公共団体によって，一方的に（又は強行的に）納税の履行が求められるというものであり，契約によって法律関係が形成されるような任意性を原則的に欠いています。

2　租税の機能

　現代社会において租税の果たしている機能を挙げれば，次のようになります。

項　目	内　　　　　容
公共サービスのための資金の調達	国等は，①で前述したように国民や住民等に各種の公共サービスを提供しており，そのためには膨大な資金が必要です。その資金を国等は税によって調達しています。この財源調達機能は，租税にとって最も重要なものといえます。
所得再配分	現代の福祉国家という理念の下では，各種の社会保障政策等が必要であり，そのための財源確保を含めた富の再配分ということが不可避とされています。そして，そのためには，富裕な者からより多くの租税を徴収して，それを各種の社会保障給付等に充てるという方法がとられています。代表的なものとして，所得税や相続税の超過累進税率（後記第4章②1を参照）は，これによる歳入を通じ，また，社会保険給付等という政策と相まって所得や資産の再配分を図る役割を果たしています。
景気調整	市場経済では景気変動は避けられないところですが，租税には，急激な景気変動を抑制し経済の安定化に寄与する機能もあります。特に，超過累進税率を有する税は，好況期には，国民所得の伸び以上に税額を増加させ，各人の可処分所得の減少をもたらすとともに総需要を抑制する方向に作用し，不況期には，税負担の軽減によって可処分所得の減少を抑制するとともに総需要を刺激する方向に作用することになります。これによって，租税は景気を自動的に安定化させる役割を果たしています（この機能を「ビルト・イン・スタビライザー」といいます）。その代表的な租税が所得税です。
その他の政策目的	租税は，各種の国家的政策に利用される場合もあります。例えば，所得税法や法人税法においては，公益目的の寄附に対してその奨励を図るために租税を減免する，政策の推進に必要な設備の取得等に対して特別償却や税額控除を認める，等といった方法により税制上の優遇措置が講じられています。また，法人税法においては，支出する交際費や使途秘匿金を課税の対象とすることによって冗費や不正支出を抑制するという目的にも利用されています。

3　我が国の近代的税制の歴史

　我が国の近代的税制の始まりは，1873年（明治6年）に行われた地租改正か

らといわれています。

　改正後の地租は，それまでの江戸時代の米の収穫高等に基づいた年貢とは異なり，①全国一律の基準で決定された地価を課税標準とする，②税率は地価の３％の定率とし，その年の豊凶により影響を受けないものとする，③収納は貨幣とする，④納税義務者は地券を交付された土地所有者とする，というものでした。これは，租税負担を全国的に統一し，課税標準，税率等を明確にし，財政収入を安定させるといった諸要請に応えるとともに，土地所有者を確定した上で，そこから一定額の貨幣を徴収するというもので，近代的租税としての形態を有する画期的なものであったといわれています。

　その後，明治時代の後期にかけては，1889年（明治22年）の大日本帝国憲法の制定とも相まって，近代国家にふさわしい租税が次々に採用され，現在の我が国の多くの租税の原型が作られました。1887年（明治20年）の所得税の創設，1899年（明治32年）の法人所得への課税開始，1905年（明治38年）の相続税の採用，地方税制の確立などです。

　次に，大正時代から第二次世界大戦終結に至る時期は，戦争や経済変動に伴って，既存税制の改正，増税，新税の導入等が頻繁に行われた時期であるといえます。

　第二次世界大戦後は，1946年（昭和21年）の日本国憲法の制定とも相まって，税制の転換が図られた時期といえます。具体的には，1950年（昭和25年）のシャウプ勧告をほぼ全面的に採用した税制の全面的改革が行われたということです。この改革後の税制（いわゆるシャウプ税制）は，申告納税制度（青色申告制度の導入を含みます）や所得税の総合課税を中心とする税制であり，現在の我が国の税制の基礎を形成したといわれています。

　そして，1953年（昭和28年）以後のシャウプ税制修正期，1987〜88年（昭和62〜63年）の抜本的税制改革の時期（直間比率の見直し，付加価値型の一般消費税の導入などの時期）を経た後，年度改正といわれる各年の種々の改正，制度の見直し等を経て，現在に至っている，というのが我が国の近代税制の歴史ということになります。

(注)　上記の「我が国の近代的税制の歴史」に関連して注記すべき事項及びそれぞ

れの税の内容等を理解する上で参考となる主要な各税の歴史，すなわち時代を
反映した税制の変遷まとめると，次のようになります。

項　目	内　　　　　容
シャウプ勧告の概要	シャウプ勧告とは，1949年（昭和24年）の「シャウプ使節団日本税制報告書」（1950年（昭和25年）の第二次報告を含みます）の通称で，シャウプ博士を団長とする7名の租税法（租税理論）の専門家によって編成された使節団による我が国への税制改革等の勧告のことをいいます。 　シャウプ勧告は，当時のアメリカの最新の租税理論に基づき，首尾一貫した理論体系に従って一国の税制を構築しようとしたものでしたが，その主な勧告の内容は，①直接税中心の税制の構築，②総合累進所得税の採用，③法人擬制説の採用，④相続・贈与税の累積的資産取得課税の採用，⑤租税特別措置の廃止，⑥地方税における自主財源の拡充，⑦税務行政への提言，等でした。このうちの⑦には，青色申告制度の導入，予定申告制度の導入，高額所得者の公示制度の創設，税務関係資料の公開，徴税における目標額制度の廃止，協議団（現在の国税不服審判所）の創設，税理士法の制定，等のその後の税務行政の基盤となるものが多く含まれています。
1988年（昭和63年）の一般消費税導入の背景	第二次世界大戦後の我が国の税制は，上記のシャウプ勧告に基づいた所得税中心の税体系を基本としてきましたが，1988年（昭和63年）当時には，大戦後数十年を経て，この税制の様々な歪みが目立ってきたとの指摘がされました。 　戦後の我が国の経済・社会が著しく変化してきている状況下においても，税制について抜本的な見直しがされずにきたために，税制全体として所得・消費・財産に対する課税の仕組みが社会の要請に応えることのできるバランスのとれたものといえるか疑問であるとの指摘や，経済・社会の実態に合わなくなっているとの指摘が，されたということです。 　また，この当時の間接税制度，すなわち，特定の物品・サービスのみに対する課税を中心とする個別間接税制度では，消費支出全体の中から客観的基準（国民の価値観や消費態様の多様化に適合した基準）によって課税すべきものを特定して抽出することがもはや困難な社会状況になってきているとの指摘がされたほか，情報等を含めたサービス面への消費支出の規模的高まりがあるにもかかわらず，こうした分野への消費税課税がほとんど行われず，消費税の負担の不均衡という問題も生じているとの指摘もされました。 　さらに，垂直的公平（高い所得水準の人に高い税負担を求める等）だけでなく，水平的公平（同じ所得水準の人の税負担に差異を生じさせない等）にも配慮した税制の検討が必要であるとの指摘がされるとともに，今後予想される高齢化社会においては，若手等の働き手に対する所得税課税を中心とした旧来の租税制度（税負担）では，若手等の納税者の重税感，不公平感の高まりを招き，事業意欲，勤労意欲を阻害することになりかねないことが懸念されるとの指摘もされました。

このような状況に鑑み，税制全体として，税負担の公平を図り，間接税が果たす役割を高めるとともに，従来の個別間接税制度の問題点も解決するための抜本的税制改正を実施し，消費全般に，広く，薄く，負担を求める一般的消費税の創設が必要不可欠であるとされました。その結果，一般的消費税の課税を目的とした「消費税法」が制定され，1989年（平成元年）4月1日から適用，実施されることになりました。

そして，現在，この一般的消費税は，消費税（国税）と地方消費税（地方税）の2つの税として整備され，次のような税率引上げ等の変遷を経て，税収全体の約30％を占める基幹税となっています。

○消費税率と地方消費税

区　分	合計	消費税率	地方消費税率	軽減税率		
				合計	消費税率	地方消費税率
令和元.10.1～	10%	7.8%	2.2% （22／78）	8%	6.24%	1.76% （22／78）
平成26. 4.1～	8%	6.3%	1.7% （17／63）	－	－	－
平成 9. 4.1～	5%	4%	1% （25／100）	－	－	－
平成元. 4.1～	3%	3%	－	－	－	－

その他の主な税の歴史

申告所得税

所得税法が創設されたのは1887年（明治20年）です。

当時の租税収入の大半は地租と酒税でしたが，国民経済が産業資本主義の段階に入り，商工業収益や金利収入もかなり増大してきたという状況下において，国民所得に対する負担の均衡化，税制の近代化等を図る必要から，この偏りを排する新税として創設されたということです。

創設当初の低率累進税率（1％から3％の5段階）による賦課課税と総合課税の方式は，その後，種別課税主義への変更や同居家族の戸主合算課税等の多くの改正を経た後，1940年（昭和15年）に至り抜本的に改革されました。この抜本的改革により，個人所得に対する課税方式は，従来の総合課税方式のみから分類所得税課税方式との二本立てとなりました。対象所得は不動産，配当・利子，事業，勤労，山林，退職の6種類に分けられ，それぞれ異なる比例税率を適用する制度とされた上で，各種所得の合計額が一定額以上の納税者に対しては，この分類所得税のほかに総合所得税としての超過累進税率による所得税が追課される制度ともなりました。

その後，第二次世界大戦後の1947年（昭和22年）に所得税の全面改正が行われて従来の課税方式が廃止され，あらゆる所得を総合して超過累進税率

により課税するという方式に改められました。また，予算課税制度（予定納税）の導入もあって，賦課課税方式に代えて申告納税制度が導入されました。そして，現在の税制の基盤となっているシャウプ勧告に基づく1950年（昭和25年）のシャウプ税制への導入と続き，現在に至っています。

源泉所得税

　源泉徴収制度は，1899年（明治32年）の所得税法の改正により，公社債の利子に対してその支払いの際に2％の税率で所得税を源泉徴収して，その都度国に納付することとされたのがその始まりです。

　その後，この利子所得を中心とする制度が続きましたが，1940年（昭和15年）の税制改正により，分類所得税の対象とされた勤労所得，配当・利子所得については比例税率により，退職所得については超過累進税率により，それぞれ所得税を新たに源泉徴収することとされました。

　そして，1944年（昭和19年）からは，事業所得のうちの種々の報酬・料金等に対しても源泉徴収の制度が拡大されました。なお，第二次世界大戦後の1947年（昭和22年）の改正では，給与所得について，新たに年末調整制度が創設されるとともに，給与の支給形態等に応じて徴収税額を簡易に算出できる源泉徴収税額表も新設されました。

　現在の給与所得を中心とする源泉徴収制度は，1940年（昭和15年）に勤労所得を初めて源泉徴収の対象に加えたことに始まり，1947年（昭和22年）に年末調整制度を創設したことによって確立されたといえます。

法人税

　法人の所得に対する課税については，1899年（明治32年）の所得税法の改正により，同法において第一種所得税として創設されたことに始まり，その課税の形式が1940年（昭和15年）まで41年間続きましたが，同年の改正で所得税法から分離され，以後，独立の法律となった法人税法に基づき課税が行われることになりました。

　法人税は，1899年（明治32年）の創設以降，1947年（昭和22年）まで賦課課税方式（法人が決算関係書類を税務署長に提出し，税務署長はこれを調査して法人の所得を決定する方式）が採用されていましたが，第二次世界大戦後の1947年（昭和22年）に従来の賦課課税方式が廃止され，申告納税制度が採用されて現在に至っています。

相続税・贈与税

　相続税は，1905年（明治38年）に日露戦争の戦費調達の一環として創設され，その後，1946年（昭和21年）までの長期にわたり課税制度に大きな改正はありませんでした。この間の相続税の制度は，相続制度が旧憲法下における家族制度に依拠したもの（家督相続が原則で，遺産相続は例外）となっていたため，家督相続には軽い課税，遺産相続には重い課税となっていました。また，課税方式は，被相続人の遺産の価額を課税標準とする遺産課税方式が採用され，贈与税の課税制度は設けられていませんでした。

第二次世界大戦後の1947年（昭和22年）には，民法（親族編と相続編）の全文改正により，家督相続制度が廃止され，相続法制が遺産相続のみとなったことから，相続税も遺産相続に対するものだけになりました。また，相続税を補完する贈与者課税方式による贈与税が新設されるとともに，相続税と贈与税に申告納税制度が採用されました。

　さらに，1950年（昭和25年）には，シャウプ勧告に基づき贈与税が廃止されて相続税に統合されるとともに，課税方式も，従来の遺産課税方式から遺産取得課税方式に改められ，併せて，相続・贈与について一生涯を通じた取得財産の累積課税制度が採用されました。

　1953年（昭和28年）には，上記の累積課税制度が廃止され，相続の都度課税する方式に改められるとともに，取得者課税方式による改組された贈与税が再制定されました。また，1958年（昭和33年）には，遺産取得者課税の建前を堅持しながらも，課税方式に法定相続分課税方式が導入され（後記第4章④の1②を参照），これが現行の相続税の課税方式となっています。

4　租税の分類

　租税は，種々の観点から分類されます。そのうちの主要な分類区分と，現行の主要な租税の分類は，次のとおりです。

1　主要な租税の分類区分

項　目	内　　　　　容
国税と地方税	租税の賦課徴収をする主体による分類です。主体が国である国税と主体が地方公共団体である地方税とに分類されます。また，地方税は道府県税と市町村税とに分類されます。 　同じ個人の所得に国税なら所得税，都道府県なら道府県民税，市町村なら市町村民税というように，課税対象が重複している場合もあります。
内国税と関税	国税のうち，外国から輸入される貨物に対して課されるものが関税であり，それ以外のものを内国税といいます。関税は，国内産業を保護する目的の税であるという観点から，保護関税と呼ばれることもあります。 　なお，内国消費税の対象とされている貨物が輸入された場合には，税関によって関税と併せて内国消費税が賦課・徴収されますが，この消費税はあくまで内国税ということになります。
直接税と間接税	納税義務者（税を直接納める者）と担税者（租税を実質的に負担する者）とが一致していることが法律上予定されているものを直接税といい，納税義

	務者である事業者等が，商品の販売などを通じて税額相当分を商品の価格に織り込み（上乗せし），実際に商品を購入し消費する者に税を負担させること（税の転嫁）が法律上予定されているものを間接税といいます。所得税・法人税・相続税は直接税の代表的なものであり，消費税・酒税は間接税の代表的なものということになります。
収得税・財産税・消費税・流通税	これは，担税力の指標や課税対象物の相違を基準とする区分です。 　収得税は，収入（所得）を得たという事実に基づいて課される税です。所得課税ともいわれ，国税である所得税や法人税，地方税である住民税がこれに当たります。 　財産税は，財産の保有という事実に基づいて課される税です。国税では相続税，地方税では固定資産税があげられます。 　一般的総称としての消費税は，物又はサービスの購入・消費という事実に基づいて課される税であり，流通税は，取引に関する各種の事実的ないし法律的な行為を対象として課される税です。国税である消費税・酒税，地方税であるゴルフ場利用税・入湯税は一般的総称としての消費税に当たり，国税である印紙税・登録免許税，地方税である不動産取得税は流通税に当たります。
普通税と目的税	使途を特定せずに一般経費に充てる目的をもって課される税を普通税といい，特定の支出に充てる目的をもって課される税を目的税といいます。租税の原則は普通税であり，目的税は例外ということができます。 　国税である電源開発促進税は，発電用施設の設置を促進するために充てられる目的税であるほか，地方税には都市計画税等が目的税として定められています。
従価税と従量税	租税は，課税標準に税率を乗じて具体的な税額が算出されます（22頁の「税率」を参照）。金額又は価額を課税標準として課される税を従価税といい，数量，体積などを課税標準として課される税を従量税といいます。従価税は税率が何％といった百分比等で示され，従量税は税率が金額で示されます。 　直接税は一般に従価税であり，酒税は従量税の代表的なものです。

2　主要な現行租税の分類一覧表

	普通税・目的税等の区分	租税の分類	主　な　税　目
国税	普通税	収得税	所得税・法人税・地方法人税
		財産税	相続税・贈与税・自動車重量税
		（一般的総称としての）消費税	消費税・酒税・揮発油税・石油ガス税・航空機燃料税・石油石炭税・たばこ税・たばこ特別税
		流通税	印紙税・登録免許税・とん税
	目的税	—	復興特別所得税・電源開発促進税
地方税	道府県税 普通税	収得税	都道府県民税・事業税
		財産税	固定資産税・自動車税・鉱区税
		（一般的総称としての）消費税	地方消費税・ゴルフ場利用税・軽油引取税・道府県たばこ税
		流通税	不動産取得税
	目的税	—	狩猟税
	市町村税 普通税	収得税	市町村民税・鉱産税
		財産税	固定資産税・軽自動車税・特別土地保有税
		（一般的総称としての）消費税	市町村たばこ税
	目的税	—	事業所税・都市計画税・入湯税

5　税法の基本原則

　税法を規律する基本原則については，その中心をなすものとして，租税法律主義と租税公平主義があります。前者は課税権の行使方法に関する原則，後者は主として税負担に関する原則です。

1　租税法律主義とは

　租税は，国民の財産の一部を強制的に国に移すものですから，その賦課・徴収は必ず法律の根拠に基づいて行わなければならないとされています。言い換えれば，法律の根拠に基づくことなく，国家は租税を賦課・徴収することはできず，国民は租税の納付を要求されることはないということです。この原則を租税法律主義といいます。

　憲法の第30条《納税の義務》では，国民の一般的な納税の義務について「国民は，法律の定めるところにより，納税の義務を負ふ」と規定し，第84条《租税法律主義》では，「あらたに租税を課し，又は現行の租税を変更するには，法律又は法律の定める条件によることを必要とする」と定めており，租税は，必ず国民の代表である国会の議決，すなわち，法律によって定められ，改廃も法律によって行われることになっています。

　租税法律主義の主要な内容として下表の4つがあり，国民の経済生活に法的安定性と予想可能性を与えるものとなっています。

項　　目	内　　　　　容
課税要件法定主義	課税の要件のすべてと賦課・徴収手続は，法律によって規定されなければならないというものであり，法律の根拠（委任）なしに政令，省令等で新たな課税の要件に関する定めをすることはできず，これに反するものは効力を有しないことになります。
課税要件明確主義	課税の要件及び賦課・徴収手続に関する定めは，一義的に明確でなければならないというものであり，「正当な理由」等の不確定概念を用いる場合には，その内容があまりに一般的ないし不明確であるものは避けるべきといわれています。

合法性の原則	課税の要件が充足されている限り，租税行政庁には租税の減免や徴収をしないという自由はなく，法律に定められたとおりの租税を徴収しなければならないというものであり，納税義務者との間で和解や協定をすることも許されません。
手続的保障原則	租税の賦課・徴収は，適正な手続で行わなければならないというものであり，それに対する争訟も公正な手続で解決しなければならないというものです。

（参考）　遡及立法の禁止

　　新しい法律が制定されたり，既存の法律に改正が加えられたりした場合に，これらの新設又は改正された法律の公布日前に生じている事実や取引に対して，これらの新設等の規定を遡及適用する立法を遡及立法といいます。この遡及立法のうち納税者に不利益に遡及して適用する立法は，租税法律主義の予定する法的安定性や予測可能性を害するために原則として許されないと解されており，これを遡及立法の禁止といいます。この遡及立法の禁止も租税の基本原則の1つといわれることがあります。

　　ただし，これについては，最高裁の判決（2021.9.30最高裁第二小判決）において，「法律で一旦定められた財産権の内容が事後の法律により変更されることによって法的安定に影響が及び得る場合，当該変更の憲法合憲性については，当該財産権の性質，その内容を変更する程度及びこれを変更することによって保護される公益の性質などの諸事情を総合的に勘案し，その変更が当該財産権に対する合理的な制約として容認されるべきものであるかどうかによって判断すべきものである。」とした基本的考え方が示されています。

2　租税公平主義とは

　租税の負担は担税力に即して公平にされなければならず，各種の租税法律関係において国民は平等に取り扱われなければならないとされています。この原則のことを租税公平主義といいます。

　なお，実際の課税制度においては，所得課税を中心としながらも，これに財産課税及び消費課税を適度に組み合わせ（タックス・ミックス），所得，消費，財産の間でバランスのとれた税制を構築することが，担税力に即した税負担として好ましいといわれています。

　また，公平に関しては，垂直的公平（高い所得水準の人に高い税負担を求める等），水平的公平（同じ所得水準の人の税負担に差異を生じさせない等），世代間の公平（税負担に世代間の偏りを生じさせない等）が問題とされています。

第2章

租税の課税要件等と
納税義務の成立・確定

1 租税の課税要件

　租税の課税要件とは，その充足によって納税義務の成立という法律効果を生じさせる法律要件のことをいいます。

　法律要件をどのように定めるかは，各税法における立法政策によることになりますが，各税法に共通の課税要件としては，次表の納税義務者，課税物件，課税物件の帰属，課税標準及び税率の5つを挙げることができます。

項　目	内　　　　　容
納税義務者	租税法律関係において租税債務を負担する者のことを納税義務者といいます。 　租税を最終的に負担することとなる者を担税者といいますが，多くの場合，この担税者と納税義務者は一致します。しかしながら，間接消費税の場合には，転嫁などにより経済的に租税を負担する者（担税者）と納税義務者とが異なっており，本来的な意味からいえば，担税者と納税義務者とは，異なる概念ということになります。
課税物件	課税物件とは，課税の対象とされる物，行為，事実をいい，納税義務が成立するための物的要件です。課税対象，課税客体などと呼ばれることもあります。 　何が課税物件になるかは，立法趣旨等によって異なります。収得税に係るもの，財産税に係るもの，消費税に係るもの，といったように税の種類に応じた分類を行うこともできますが，個別具体的な課税物件は，多種多様です。 　各税法の定めにより，例えば，所得税（又は法人税）は個人（又は法人）の所得，相続税は相続によって取得した財産，固定資産税は保有する特定種類の財産，消費税は国内における資産の譲渡等（消費），印紙税は課税文書

	の作成，が課税物件になるといった具合です。
課税物件の帰属	課税物件の帰属者が納税義務者となりますが，この課税物件と納税義務者との結び付きを課税物件の帰属といいます。 　課税物件の帰属が特に問題となるのは，名義と実態，形式と実質が一致しない場合です。この問題に対しては，名義と実態とが異なるときなどに用いられる，いわゆる実質所得者課税の原則という考え方があります。 　実質所得者課税の原則は，資産又は事業から生ずる収益について，名義上又は法形式上の所得の帰属者と実質的な所得の帰属者とが異なる場合は実質的に所得が帰属する者に対して税を課すというものです。税法が担税力に応じた課税をすることを原則としていることから，経済力の増加等が誰によって支配されるか，つまり，財産の使用，収益，処分を自ら行うことができる者が誰であるかを確かめて課税するという原則です。 （注）　信託の場合における課税物件の帰属については，導管論（パススルー）の観点等から，別途規定が設けられています。
課税標準	課税物件である物，行為又は事実に基づき，具体的な税額を算出するためには，これらの物，行為又は事実を価格，金額，数量等で示し，それに税率を乗じて税額を算出するということが必要となります。 　この物，行為又は事実を価格，金額，数量等で示したものを課税標準といいます。例えば，所得税や法人税の課税標準は所得金額であり，相続税や贈与税の課税標準は財産の価額，消費税の課税標準は資産の譲渡等（消費）の対価の額，ということになります。
税　率	税額を算出するために課税標準に対して適用される（乗ずる等の）率を，税率といいます。 　従価税の場合の税率は，通常，百分比（パーセント）等をもって定められ，従量税の場合の税率は，課税標準の一単位につき一定の金額で示されます。 　従価税の場合の税率には，比例税率（課税標準の大きさに関係なく一定の割合の税率が定められているもの）と累進税率（課税標準の増加に応じてより高い税率が定められているもの）があり，累進税率には，さらに，単純累進税率（課税標準が大きくなるに従って，その全体に単純に高率の税率を適用するもの）と超過累進税率（課税標準を多くの段階に区分し，上位の段階になるに従ってその上位部分に逓増的な高い税率を適用するもの）とがあります。 　例えば，消費税は比例税率であり，所得税は超過累進税率です。法人税は，一定金額までの税率を軽減するという特例はありますが，基本的には，比例税率です。 　また，地方税は，多くの場合，標準税率と制限税率とを組合せて税率を定めています。ここにいう標準税率とは，地方公共団体が課税する場合に通常よるべき税率のことで，これによらないことも認められています。制限税率は，標準税率を超える税率を採用する場合においても超えることができない

上限の税率のことです。さらに，地方税では，地方消費税のように，地方税法に定める税率によらなければならないものもあり，これを一定税率と呼んでいます。

2 税法の解釈

1 解釈の原則

　課税要件の充足によって納税義務は成立することになりますが（後記③を参照），具体的に事実関係等に基づき各税法の適用（充足の判断）をするためには，税法の意味内容を明らかにする必要があり，これを法の解釈といいます。

　税法は，侵害規定であり，法の安定性・予測可能性の要請が強く働くことから，その解釈は原則として文理解釈によるべきで，みだりに拡張解釈や類推解釈を行うべきではないとされます。なお，規定の意味内容が不明瞭で，単純な文理解釈によって意味内容を明らかにすることが困難な場合にあっては，規定の趣旨・目的等に照らしてその意味内容を明らかにする必要があり，その場合の解釈をいわゆる趣旨解釈（許容される適切な拡張解釈や類推解釈を含みます）といいます。

　また，事実関係の認定に当たっては，立証責任との関係から判断結果に差異の生じることもありますが，法の解釈においては，画一性が重視され，立証責任に依拠した判断（当事者の立証程度に応じた差異の発生の許容）という手法は採りえないとされています。

2　税法の解釈・適用で留意すべき事項

　税法の解釈・適用に当たっては，次のことに留意しなければなりません。

項　　目	内　　　　　容
借用概念と固有概念	税法が用いている概念の中には，2種類のものがあります。その1つは，他の法分野で用いられている概念であり，これを借用概念と呼びます。2つめは，税法が独自に用いている概念であり，これを固有概念と呼びます。 　借用概念には，例えば，相続，住所，配偶者，親族等があり，原則として，本来の法分野における概念と同じ意義に解釈すべきとする見解が支配的です。固有概念は，所得税法上の所得金額などのように法規の趣旨・目的に照らして税法独自の見地から解釈するものです。
私法上の法律行為と税法	税法は，種々の経済活動や経済事象を課税の対象としていますが，それらの活動や事象は，第一次的には私法によって規律されています。したがって，租税法律主義の下における法的安定性という観点から，原則として，私法上の法律関係に即して課税も行われるべきであるとされています。 　しかしながら，次のような問題があります。 　租税回避 　私的自治の原則又は契約自由の原則が支配している私法の世界では，私法上の選択可能性を利用して，経済取引上の合理的理由がないのに，租税法規が予定していない異常な法形式を選択することも可能です。これによって，意図した経済的成果等を実現しながら，課税要件の充足を免れ，税負担の回避・減少を図ること（租税回避）が可能となります。 　我が国には，この租税回避に対する税の取扱いの包括的な是正規定は存在しませんが，個別の分野に関する否認規定として，同族会社の行為計算否認，法人の組織再編成に係る行為計算否認，等があります。そのため，法律の根拠がない限り租税回避行為の否認は認められないとするのが通説です。 （注）「租税回避行為」と類似する用語として「脱税」と「節税」がありますが，「脱税」は，課税要件の充足の事実の全部又は一部を秘匿する行為であり，「節税」は，租税法規が予定しているところに従って税負担を減少させる行為であり，両者は，租税回避行為と本質的に異なるものです。 　実質所得者課税の原則との関係 　課税物件の帰属について，名義と実態，形式と実質が一致しない場合には，所得の帰属について名義より実質を重視するとする考え方，すなわち実質所得者課税の原則という概念があり，所得税法12条，法人税法11条等にその旨が規定されています。 　この実質所得者課税の原則には，経済的帰属説と法律的帰属説との2つ

の考え方があります。経済的帰属説は、課税物件の私法上の帰属と経済上の帰属が異なる場合には、経済上の帰属に即して課税物件の帰属を判定すべきとし、法律的帰属説は、課税物件の私法上の帰属につき、その形式と実質（真実の法律関係等）が異なる場合にのみ、実質に即して帰属を判定すべきとするものです。

　現在は、真実の法律関係又は事実関係から離れて、法律関係又は事実関係を構成し直すようなことになる経済的帰属説は問題があるとされ、裁判例も含め、後者の法律的帰属説が有力となっています。

禁反言の原則（信義則）の適用	民法1条2項《基本原則》に規定する信義誠実の原則（禁反言の原則ともいいます）は、公法にも通ずる一般原則として租税法律関係にも適用すべきと解されています。 　しかしながら、税法は、強行法規であって法律の根拠なしに行政庁が租税を減免することは許されない（合法性の原則。20頁参照）ことから、仮に、行政庁が減免の表示を誤ったとしても、禁反言の原則は適用せず、その誤りは是正されるべきであるとされています。 　一方、禁反言の原則の不適用は、法的安定性（信頼の保護）の要請を害することになるとの見解もあります。 　判例・通説では、両者の主張（価値）の比較考量という観点から、合法性の原則を犠牲にしてもなお納税者の信頼を保護することが認められる一定の要件を満たした場合に限り、極めて例外的に、個別的救済の法理としての禁反言の原則の適用が肯定されるべきである（行政庁の誤った行為を否定する主張は認めない等）とされています。 　その要件は、(a)行政庁が納税者に対して信頼の対象となる公の見解を表示したこと、(b)納税者の信頼が合法性の原則を犠牲にしても保護に値する場合でなければならないこと、及び(c)納税者が行政庁の表示を信頼しそれに基づいて何らかの行為をしたことです。
政省令と告示	税法が対象としている経済活動等は、常に、時代に応じた変化等を伴って発展しており、このような状況下にある多方面にわたる経済事象の事柄をすべて法律のみで規定することは困難です。このため、法律が委任するところにより、又は法律を具体的に実施するための細則を定めるために、政令（「…施行令」）又は省令（「…省令、…施行規則」）が制定されています。政令は、内閣が閣議を経て制定するものであり、省令は、各省大臣が定めるものです。法律、政令及び省令を総称して「法令」といいます。 　以上の法令のほかに、「告示」というものもあります。これは、各省大臣や外局の長が、その機関の所掌事務について法令の規定に基づいて、必要な事項を決定して広く一般に知らせるためのもので、公表は、官報で公布するという方法で行われています。

| 法令解釈通達 | 法律の解釈は，その法律の適用に携わる各人の判断（解釈）が異なっていては，実務の執行上混乱をきたすことになります。特に税務では，経済社会の発展等に応じて種々の新たな又は複雑な事例も発生するため，その解釈は，非常に難しいこととなります。

　このため，税法解釈の統一を図るため，国税庁（国税庁長官）が下部機関に命令して税務職員の行う税法運用を統一するよう指示しており，これが法令解釈通達といわれるものです。法令解釈通達は，税法の解釈を示した指示ですから，法令違反はもちろん，法令の意図する範囲を超えることは許されません。

　したがって，納税者がその通達の取扱いによる処分が法令解釈からみて誤りだと考えれば，その解釈を不服として不服申立てや訴訟を提起することができます。

　法令解釈通達は，その形式により基本通達と個別通達の2つに分かれます。基本通達は各税法の重要な基本的事項を網羅的に定めたものであり，多くの内容が盛り込まれているのが特徴です。個別通達は，その時々の必要性に応じて処理の周知や，統一等を図るために，個別事例等の取扱いを定めたものです。

　基本通達としては，例えば，国税通則法基本通達，所得税基本通達，法人税基本通達，相続税法基本通達，財産評価基本通達，消費税法基本通達などがあります。 |

3　納税義務の成立時期

　個別の租税について，いつ納税義務が成立するかについては，国税通則法にその規定が設けられています（国税通則法15条2項等）。なお，納税義務の成立と同時にその内容の確定する源泉所得税などの場合は別にして，課税要件の充足によって成立した納税義務は，いまだ抽象的なものであり，国等が履行しうる具体的な租税債権となるためには，その内容が具体的に確定することが必要となります。納税義務の確定手続は，後述する租税確定手続（第3章②の「租税確定手続」を参照）の問題ですが，納税義務の成立時期と確定時期とは本来区別されるものとなっています。

　一般的には，年，月などの一定期間を対象とする課税物件の租税は，その期間終了と同時に課税要件が充足するため，納税義務もその時に成立することになります。一方，課税物件が随時に生じる租税は，課税物件が生じるごとに課

26

税要件も充足されるため，その随時の時に納税義務が成立することになります。

　なお，主要な租税の納税義務の成立時期は，次のとおりです。

租税の種類		納税義務の成立時期
基本的な諸税の納税義務	所得税	暦年の終了の時
	法人税	事業年度（会計期間等）の終了の時
	相続税	相続又は遺贈による財産の取得の時（相続時精算課税制度の規定により相続又は遺贈により取得したとみなされた財産に係る相続税は，特定贈与者の死亡の時）
	贈与税	贈与による財産の取得の時
	消費税	課税資産の譲渡等（若しくは特定課税仕入れ）をした時又は課税貨物の保税地域からの引取りの時
	酒税	課税物件の製造場からの移出又は保税地域からの引取りの時
	源泉所得税	源泉徴収すべき所得の支払いの時
	印紙税	課税文書の作成の時
予定納税等の納税義務	予定納税の所得税	その年の6月30日（特別農業所得者の場合は，10月31日）を経過する時
	中間申告の法人税	事業年度の開始の日から6月を経過する時
	中間申告の消費税	課税期間の開始の日から1月，3月又は6月の中間申告対象期間の末日を経過する時
附帯税の納税義務	過少（無）申告加算税又はこれに代わる重加算税	法定申告期限の経過の時
	不納付加算税又はこれに代わる重加算税	法定納期限の経過の時
	延滞税	法定納期限経過後の毎日，その日の経過する時
	利子税	延納期間開始後の毎日，その日の経過する時

4 納税義務の消滅と承継

　いったん成立した納税義務は，私法上の債務の弁済と同様，通常は納付によって消滅しますが，私法上の債権と同様，徴収権の消滅時効（法定納期限から原則5年）によっても消滅します。また，納税者が災害で被害を受けた場合などの免除，他の租税の還付金の充当，滞納処分による充足（差押えによる換価処分等），滞納処分の執行の3年間の停止によっても消滅することがあります。

　なお，納税義務は，納税義務者の個別性が強いものであることから，その承継は限定的なものとなっており，法令上に特に明記され，相続や法人の合併などの特定の場合には，被相続人や被合併法人などの納税義務が相続人や合併法人などに承継されることになっています。

第3章

租税手続等の意義及びその大要

1 租税手続の意義等

　租税に関する諸手続のなかで重要なものとしては，租税確定手続及び租税徴収手続があります。これら租税手続の意義等は，次のとおりです。

1　租税手続の意義

　租税の確定及び徴収の手続を租税手続といいます。

　納税義務は，課税要件の充足によって成立しますが，通常，それは抽象的なものであって，内容の確定したものではありません。それが具体的な租税債務となるためには，その内容である課税標準と税額が具体的に確定しなければなりません。この確定をさせる手続のことを租税確定手続といいます。

　また，納税義務は，通常，納付によって消滅しますが，自発的な納付がない場合には，租税債権者たる国等は，納税者の財産を差押え，それを公売して租税債権の強制的充足を図ることが認められています。これを滞納処分又は強制徴収といい，この租税の納付及び徴収の一連の手続のことを租税徴収手続といいます。

(参考)　租税確定処分・租税徴収処分

　租税徴収処分（租税の徴収のための処分）は，有効な租税確定処分（租税の確定のための処分）を前提とします。したがって，租税確定処分が無効な場合には，それに基づく租税徴収処分も無効となります。また，租税確定処分が取消された場合には，それに基づく租税徴収処分も遡ってその効力を失うことになります。

しかしながら，租税確定処分と租税徴収処分は，その目的を異にすることから，租税確定処分の潜在的な違法性（無効が認定・確定される前の違法性）は租税徴収処分には承継されず，租税確定処分に存する瑕疵を理由として租税徴収処分の取消しを求めることはできないと解されています。

2　租税手続と行政手続法

租税手続については，その手続を律する行政手続法や国税通則法によって，その手続が行政手続であっても，次のように広い範囲で一般法規である行政手続法が適用除外となる手続（行為）が定められています。

(1)　行政手続法による一般法の適用除外

行政手続法上適用除外とされている手続（行為）には，(a)国税通則法第11章《犯則事件の調査及び処分》に基づいて行われる処分及び行政指導，(b)職務の遂行上必要な情報の収集を目的としてされる処分及び行政指導，(c)不服申立に対する行政庁の裁決等の処分，(d)官公庁に対する協力要請等，(e)税理士法に基づく税理士会等に対する処分，等があります。

(2)　国税通則法による一般法の適用除外

国税通則法による適用除外には，次の3種類の手続（行為）があり，それぞれ次のように定められています。

項　目	内　　　　　容
公権力の行使	諸申請に対する処分，国税の更正等の租税確定処分，国税の租税徴収処分，青色申告の承認の取消処分等の不利益処分等の「国税に関する法律に基づき行われる処分その他公権力の行使に当たる行為（酒類の免許に関するものを除きます）」については，行政手続法第2章《申請に対する処分》及び第3章《不利益処分》の規定が広い範囲にわたり適用除外となっています。 　ただし，手続的保障原則の観点から，申請に対する拒否処分及びその他の不利益処分における理由の提示（附記）については，行政手続法が適用され，その提示（附記）が要求されています。
行政指導	修正申告の慫慂（誘い勧めること），納税相談における指導等の「国税に関する法律に基づく納税義務の適正な実現を図るために行われる行政指

	導（酒類の免許等に関するものを除きます）」については，行政手続法上の行政指導の一般原則，申請に関連する行政指導等の規定は適用されますが，書面の交付や，複数の者を対象とするときの行政指導指針の事前制定等の規定は適用されません。
届　出	非課税貯蓄申告書等の「国税に関する法律に基づき国の機関以外の者が提出先とされている届出」については，受理機関への到達による届出義務の履行の原則は適用されません。

2 租税確定手続

1 確定の方式

　予定納税の所得税，源泉所得税，印紙税などの一部の租税の納付すべき税額は，納税義務が成立すると同時に，特別の手続を経ずに法規の定めによって自動的に確定します。これを自動確定の租税と呼んでいます。これに対して，大部分の租税は，税額の確定のために特別の手続が必要とされており，その方式には，申告納税方式（納付すべき税額が納税者の申告によって確定することを原則とする方式）と賦課課税方式（納付すべき税額が専ら租税行政庁の処分によって確定する方式）の2つがあります。

2 申告納税方式

　申告納税方式の手続には，次の3つのものがあります。

手　続	内　　　　容
申　告	申告とは，私人の公法行為ともいわれ，納税者が租税法規の定めに従って納税申告書を租税行政庁に提出することをいいます。課税標準及び税額を申告内容とするもののほか，純損失や欠損金の金額を申告内容とするものがあり，これらの内容を確定させる効果を有します。 　法定申告期限内に行われる期限内申告，期限後に行われる期限後申告，課税標準等又は税額等を増額修正する修正申告などがあります。
更正の請求	申告等によっていったん確定した課税標準等又は税額等を自己の有利な金額に減額変更するよう税務署長等に求めることを更正の請求といいます。納税申告書に記載したこれらの事項に誤りがあるとして，法定申告期

		限から5年以内等に行う通常のものと，後発的事由によってこれらの計算の基礎に変動が生じたことにより行うものとがあります。
更正・決定		申告納税の租税については，課税標準等又は税額等は一次的に申告によって確定しますが，租税行政庁も二次的にこれを確定する権限を与えられています。 　申告された課税標準等又は税額等が不相当である場合や，申告そのものがない場合には，これを是正するための処分が必要であり，前者の不相当の場合の処分を更正といい，後者の申告のない場合の処分を決定といいます。

3　賦課課税方式

　賦課課税方式の国税としては，各種加算税，過怠税などの極めて限られたものがあるにすぎませんが，地方税においては，いわゆる普通徴収と呼ばれる賦課課税方式が原則的なものとして採用されています。

3　租税徴収手続

1　租税の納付

　債務の履行に当たる行為を租税においては納付といいます。納付の義務は，通常，納税義務者の納付（金銭納付が原則）によって消滅します。

　ただし，印紙税のように，税額に相当する収入印紙を一定の書類に貼付することによって租税を納付する印紙納付という方法や，相続税のように，金銭納付が困難な場合に許可を得て相続財産によって納付する物納という金銭以外の例外的な納付方法もあります。

　また，所得税の源泉徴収や住民税の特別徴収のように，能率的かつ確実に租税を徴収するための目的等から，納税者以外の第三者に租税を徴収させ，これを国や地方公共団体に納付させる徴収納付という方式もあります。

2　租税の徴収

　確定した納税義務の内容を実現するための行為を総称して租税の徴収といいます。納税義務が確定すると，納税者は，一定の納期限までに税を自主的に納

付しなければなりませんが，自発的な納付がされない場合には，国等は納税義務の履行を求め，最初に納付を促す手続を行い，それでもなお完納されないときは，租税債権の強制的な実現を図ることになります。

租税徴収手続を分類すると，次表のようになります。

手　続	内　　　　容
納税の告知・督促	納付を促す手続として，申告納税方式の租税の場合には，納期限までに納付がされないと「督促」がなされます。賦課課税方式の租税の場合には，賦課決定による税額の確定と併せて「納税の告知」という行為によって納付を請求し，任意の納付がないと「督促」がされます。 　また，源泉所得税のような自動確定の租税が法定納期限までに納付されない場合には，国の見解を予め示す必要があることから，賦課課税方式のときと同様に，「納税の告知」と「督促」という手続が行われることになります。ただし，自動確定の租税であっても，予定納税の所得税の場合には，国が納付すべき税額を事前に通知するため，「納税の告知」はされません。 （注）1　「納税の告知」は，納付すべき税額，納期限等を記載した納税告知書を送達して行う納税義務の履行請求行為であり，賦課課税処分ではなく，徴収手続の一環の中の最初の行為です。 　　　2　「督促」は，租税を完納しない場合に行われる履行催告行為であり，納税義務の消滅時効の中断の効力を有するとともに，滞納処分の前提要件とされるものです。
滞納処分（強制徴収）	納めるべきこととなった税金を納税者が納期限までに完納しないことを滞納といいますが，租税が滞納されたときは，国等は，履行の催告としての督促を行い，それでも完納されないときは，納税者の財産から租税債権の強制的な履行実現（確保）を図ることができ，滞納者の財産の差押え，交付要求，換価，充当等の手続がとられます。これら一連の強制的手続のことを滞納処分（強制徴収）といいます。 　なお，滞納者の財産が滞納処分等により換価された場合，原則として，国税はすべての公課や他の債権に優先して徴収されます。この原則に対しては，国税の法定納期限以前に設定等がされた質権，抵当権及び担保のための仮登記による被担保債権は，国税に優先するという例外等もあります。

3　第二次納税義務

滞納者の財産について滞納処分をしても，なお徴収すべき税額が不足すると認められる場合に，納税義務者以外の者に税を納付する義務を負わせることがあり，これを第二次納税義務といいます。

第二次納税義務は，本来の納税義務者と人的・物的に特殊な関係にある者から徴収不足額の徴収を図ろうとするものであり，本来の納税義務との間に附従性及び補充性を有するとされています。

　例えば，同族会社の第二次納税義務，実質課税額等の第二次納税義務，無償譲受人等の第二次納税義務など（国税徴収法32条～41条）があり，この義務を負う者を第二次納税義務者といいます。

（参考）　連帯納税義務

　　納税義務については，上記に関連するものとして連帯納税義務があります。これは，複数の者が同一の納税義務について各々独立して全部の履行の義務を負い，そのうちの一名が租税の全部又は一部を納付すれば，その納付部分について他の者の納税義務も減少するというもので，共有物等に係る連帯納付義務（国税通則法9条）などがあります。また，この連帯納税義務と共通性を有するものに，共同相続人等の連帯納付義務（相続税法34条），通算法人の連帯納付責任（法人税法152条）などがあります。

【参考】　納税義務の成立と消滅までの流れは，次のとおりです。

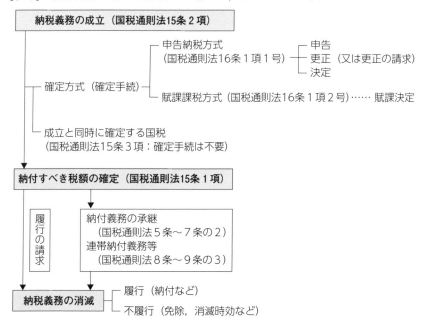

4　租税争訟手続

　行政庁が行った各種の不利益処分に対して不服がある場合には，その処分の取消しや変更を求める手段（救済手段）として不服申立制度及び訴訟があります。国税を例にとると，税務署長などが行った課税処分や滞納処分に不服がある場合には，その処分の取消しや変更を求めて不服申立てをすることができることになっています。

　この不服申立制度は，納税者の正当な権利利益を簡易かつ迅速に救済するための行政救済手続ですが，国税に関する手続（制度）の特殊性として，処分に対して不服のある納税者は，裁判所に訴訟を提起する前に，原則として不服申立手続を経る必要のあること（不服申立前置主義）が挙げられます。

　国税に関する不服申立制度とその後の訴訟手続は，次のとおりです。

1　不服申立て

　不服申立制度には，更正，決定等の賦課処分や滞納処分などを行った処分庁である税務署長や国税局長等に対して行う「再調査の請求」と，不服申立機関である国税不服審判所長に対して行う「審査請求」とがあり，いずれの請求を行うかは，納税者の選択に委ねられています。

（注）　特殊なものとして，国税庁長官が行った処分に対しては，国税庁長官に対して「再調査の請求」ではなく「審査請求」を行うこととされています。

⑴　再調査の請求

　国税の賦課徴収に関して税務署長や国税局長等の行った処分（以下「原処分」といいます）に不服のある者は，処分の取消しや変更を求めて，処分があったことを知った日又は処分の通知を受けた日の翌日から起算して3月以内に，処分をした者（以下「原処分庁」といいます）に対して再調査の請求をすることができます。

　なお，この再調査の請求は，次の⑵の審査請求の前置手続として位置付けられているものではありません。この再調査の請求を行うことなく，直接，国税

不服審判所長に対して審査請求を行うことも可能です。

(2) 審査請求

国税不服審判所長に対して行う審査請求の概要は，次のとおりです。

項 目	内 容
審査請求の対象	審査請求は，国税不服審判所長（組織）に対して行う不服申立てで，次のような場合等に行うことができることになっています。 イ　税務署長や国税局長等に対する再調査の請求について決定（再調査決定）があり，その決定になお不服があるとき ロ　再調査の請求をしてから3か月を経過しても，再調査の請求についての決定がないとき ハ　再調査の請求をせずに，直接，国税不服審判所長に対して不服申立てをするとき
審査請求の請求期間	原則として，再調査の請求についての決定を経た後に行う審査請求については，再調査決定の謄本の送達があった日の翌日から起算して1か月以内，再調査の請求を経ずにした審査請求については，原処分があったことを知った日又は原処分の通知を受けた日の翌日から起算して3か月以内です。 （注）　再調査の請求をした日の翌日から起算して3か月を経過しても再調査決定がない場合には，その時点から審査請求をすることができます。
国税不服審判所長の機能と裁決の効力	審査請求を行う国税不服審判所長（組織）は，原処分庁の行政機関とは分離され，審査請求に対する裁決を公正な第三者的立場で行う機関です。 　その組織の長である国税不服審判所長（個人）をはじめ，東京支部や大阪支部の長である主席国税審判官などの主要な役職には，裁判官や検察官の職にあった者が任用されているほか，審査請求事務に携わる国税審判官にも，弁護士や税理士などの職にあった民間の専門家を採用するなどして，請求事案の裁決を行っています。 　なお，裁決は，争点に主眼を置いた調査・審理に基づき，独立した立場にある3名以上の国税審判官等（担当審判官，参加審判官等）で構成する合議体の議決に基づき行われ，原処分庁が行った処分よりも不利益になるような処分は行われないことになっています。 　また，裁決は，行政部内（国税組織）の最終判断として位置付けられていることから，税務署長などの原処分庁は，仮に裁決に不服があったとしても自ら訴訟を提起して司法の判断を求めることはできないこととされています。 （注）　納税者からの訴訟の提起については，後記2参照。

2　訴　訟

　審査請求についての裁決につき，なお不服であるときは，裁判所に訴訟を提起して司法に救済を求めることになります。

　訴訟は，原則として上記の裁決を経なければ提起することができませんが，審査請求をした日から3か月を過ぎても裁決がないときは，直接，訴訟を提起することができます。なお，裁決を経た後の訴訟は，裁決後6か月以内の提訴が要件となっています。

【図表】　訴訟に至るまでの争訟手続（国税）

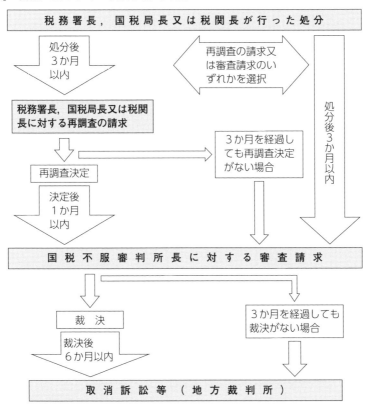

第4章

直接税（各国税）の詳細

1 国税の大要

1 税法等の種類とその区分

　内国税の場合，各税目の税法がそれぞれ単独の形で定められています。

　そして，それら各税の共通事項を規定するものとして国税通則法があります。この国税通則法には，具体的には，国税の納税義務の成立，確定，納付，徴収，納税の猶予，国税の還付，不服申立て等の各税共通の一般的な事項が定められています。

　これに対して，各税法では，納税義務者，課税標準，税率などを定めていますが，この場合，1税目1税法が建前であり，その種類と主な税法を列挙すると，次表のとおりです。

項　目	内　　　　容
直接税関係	所得税法，法人税法，相続税法（相続税と贈与税が規定）
間接税（消費税）関係	消費税法，酒税法，揮発油税法，地方揮発油税法，石油石炭税法，石油ガス税法，航空機燃料税法，電源開発促進税法，たばこ税法
その他（流通税等）関係	印紙税法，登録免許税法，自動車重量税法，国際観光旅客税法

　また，上記の各税法の一般的な規定とは別に，経済政策や社会政策上の見地から特例的な課税制度を定めているものとして，租税特別措置法があります。租税特別措置法は，一般の税法による課税の場合よりも税負担が軽く，又は重

くなるような課税の特例を定めたものです。

　次に，各税法又は租税特別措置法によって課税された税金が滞納になった場合の徴収手続を定めた国税徴収法があります。

　さらに，災害による被害者の税金の軽減や免除，徴収猶予について定めた「災害被害者に対する租税の減免，徴収猶予等に関する法律」（災害減免法）があります。

　また，悪質な脱税者に対する取締手続を定めた国税通則法第11章《犯則事件の調査及び処分》があります。これは，直接税における査察や，間接税における犯則取締りの方法を定めたものです。

（参考）　内国税と外国との関係

　　経済活動の国際化に伴い，諸外国との間の各税の賦課徴収関係の調整，国際的な税源浸食と利益移転の防止などを図るため，別途，各国との間の租税条約，BEPS 防止措置実施条約，国際最低課税額に対する法人税課税制度などの制度があります。

2　税法の内容

　前記1の各税法に規定されている内容を分類してみると，次の4つに区分されます。

　ⅰ）各税目の課税要件などを規定する実体法
　ⅱ）租税債権の実現のために賦課徴収などの手続を規定する手続法
　ⅲ）不服申立てや訴訟などの納税者の権利救済を規定する行政救済法
　ⅳ）税法違反に対する罰則等を規定する処罰法

　なお，ⅱ）の手続法としては税の納付や徴収などの共通事項を定めた国税通則法及び国税徴収法があります。また，国税通則法は，ⅲ）の行政救済法としての性質を有するものでもあります。

2 所得税の詳細

1 所得税の概要と特色

　所得税は，基本的には個人の所得に対して課される税であるとともに，直接税の代表的なものであり，その概要は，次図のとおりです。

【図表】　所得税の基本的な仕組み

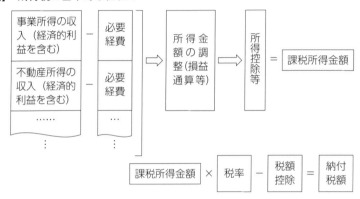

　所得の生ずる形態は，資産運用，勤労，事業経営など多種多様ですが，所得税は，個人の収入の多寡を示す「所得」を担税力の指標としているところに特色があります。

　また，所得税は，次表に掲げる「総合所得税」，「個人単位課税主義」，「個人的事情の考慮」及び「超過累進税率の適用」の諸点を基本原則にするという特色を有しています。

項　目	内　　　　容
総合所得税	所得税は，基本原則として，その個人に帰属する所得をすべて総合し，その所得の金額を担税力の大きさとして把握した上で課税するという建前を採っています。 　後述（②の2参照）しているように，分類所得税の要素も加味しています

40

	が，基本的には，所得税は総合所得税の類型に属するものです。
個人単位課税主義と個人的事情の考慮	所得税の税額を算定する人的単位については，基本的には個人を単位とする方式，すなわち個人単位課税主義を採用しています。 　しかしながら，家族の生活のための費用を考慮して，各人の課税対象の所得から一定の金額が減額されます。社会保険料控除，配偶者控除，配偶者特別控除，扶養控除及び基礎控除がこれに当たります。また，各人の置かれた状況によって税負担を軽減するための措置も設けられており，雑損控除，医療費控除，障害者控除，ひとり親控除，寡婦控除，勤労学生控除等がこれに当たります。
超過累進税率の適用	所得税の税率は，一定税率で課税する比例税率ではなく，所得が増加するにつれて，その増加部分（各階層部分）に，順次，下表のような高い税率を適用するという制度を採っています。これを「超過累進税率」といいます。 　したがって，所得の大きい者ほどより多くの所得税を負担することになり，所得再配分など財政政策上からも有効な機能を果たしているといわれています。

課　税　所　得（各階層の区分）	税　率
～　　195万円以下　の部分	5％
195万円超～　　330万円以下　の部分	10％
330万円超～　　695万円以下　の部分	20％
695万円超～　　900万円以下　の部分	23％
900万円超～1,800万円以下　の部分	33％
1,800万円超～4,000万円以下　の部分	40％
4,000万円超　の部分	45％

2　所得の概念

　「所得」という一般的な言葉の概念については，普遍的，固定的な意義が確立されているわけではなく，租税分野においてもこれを一義的に律している学説や考え方はありません。

　ただし，所得税の対象として所得を捉える場合には，これを財貨の利用，人的役務の提供等から得られる金銭的価値で表現しなければならず，その方式として，我が国の所得税法においては，各人が収入等の形態で取得する経済的利得を所得と観念する「取得型所得概念」を採用しています。

そして，取得型所得概念の下において，所得の範囲をどのように捉えるかについては，継続的・反復的に生ずる利得のみに制限せず，一時的，偶発的，恩恵的に発生する利得も所得の範囲に含め，人の担税力を増加させる経済的利得はすべて所得を構成するという包括的所得概念（純資産増加説）を採用しています（次図を参照）。

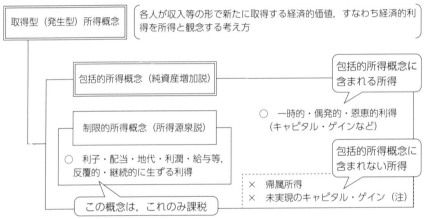

所　得　の　概　念

| 消費型（支出型）所得概念 | 各人の収入のうち，効用ないし満足の源泉である財貨や人的役務の購入に充てられる部分のみを所得と概念し，蓄積に向けられる部分を所得の範囲から除外する考え方 |

| 取得型（発生型）所得概念 | 各人が収入等の形で新たに取得する経済的価値，すなわち経済的利得を所得と観念する考え方 |

包括的所得概念（純資産増加説）　→　包括的所得概念に含まれる所得

制限的所得概念（所得源泉説）　　○　一時的・偶発的・恩恵的利得（キャピタル・ゲインなど）

○　利子・配当・地代・利潤・給与等，反覆的・継続的に生ずる利得　　包括的所得概念に含まれない所得

この概念は，これのみ課税　　×　帰属所得　×　未実現のキャピタル・ゲイン（注）

(注)　平成27年度改正において創設された「国外転出をする場合の譲渡所得等の特例」などにより，未実現のキャピタルゲインが例外的に課税される場合があります。

(出典)　財務省「税制調査会説明資料」を一部編集。

　しかしながら，所得税においては，その所得の源泉や性質により担税力に差があることも考慮して，それぞれの所得が生じる形態に応じてそれに適合した所得金額の算定と課税を行うという考え方も採用しています。

　そのため，所得税の課税に当たっては，税額計算の前段階において分類所得税の要素も加味することとし，課税対象となる所得の内容を次表の10種類に区分して各々の所得金額を算出した後，算出した各々の所得金額を合算して課税するという方式を採用しています。

所得種類	内　容　の　概　要	
利子所得	公社債や預貯金の利子，公社債投資信託の収益の分配などの所得	
配当所得	法人から受ける株式又は出資に係る剰余金の配当，公募証券投資信託の収益の分配などの所得	
不動産所得	土地や建物，船舶や航空機などの貸付から生ずる所得	
事業所得	商工業や漁業，農業，自由職業などの自営業から生ずる所得	
給与所得	俸給や給料，賃金，賞与，歳費などの所得	
退職所得	退職金，一時恩給，確定給付企業年金法及び確定拠出年金法による一時払いの老齢給付金などの所得	
山林所得	山林（立木）を伐採して譲渡したことなどによる所得	
譲渡所得	土地や建物，借地権，株式等，ゴルフ会員権や金地金，機械などの資産を譲渡したことなどによる所得（営利を目的として継続的に行われるものを除きます）	
一時所得	生命保険の一時金，賞金や懸賞当選金などの所得（営利を目的とする継続的行為から生じた所得以外の一時の所得で，資産の譲渡又は役務の対価としての性質を有しないもの)	
雑所得	公的年金等	国民年金，厚生年金，公務員の共済年金，恩給などの所得
	その他	他の所得に当てはまらない所得

(注) 1　上記表の「公的年金等以外の雑所得」は，他の所得のいずれにも該当しない所得を包括的に捉えたものとなっています。

　　2　所得税法は，基本的には包括的所得概念を採用しているわけですが，①障害者等の負担軽減（非課税貯蓄等）に基づくもの，②貯蓄・投資の奨励等（財形貯蓄，NISA等）に基づくもの，③実費弁償等（通勤手当等）に基づくもの，④社会政策的配慮等（社会保障給付等）に基づくもの，⑤二重課税排除（相続・贈与課税との重複等）に基づくもの，⑥その他の事由（生活用動産の譲渡，学資金，損害賠償金等）に基づくもの等に対する配慮から，特定の所得を課税の対象から除いています。これを非課税所得といいます。

3　課税所得及び税額の計算

(1)　納税義務者，課税所得（課税物件）の範囲及び課税の方式

　所得税の個人の納税義務者は，その居住の態様に応じて，次表Aのように居住者，非居住者に区分されます。法人も，利子等，配当等，報酬及び料金等の一定の所得については所得税の納税義務者になっています（所得税法5条）。

　また，所得税法では，上記の区分に応じて課税所得の範囲や課税方法が次表Bのように定められています（所得税法7条）。

[A] 納税義務者の区分

納 税 義 務 者 の 区 分			各 納 税 義 務 者 の 意 義
個　人	居住者	非永住者以外の居住者	居住者（国内に住所を有し，又は現在まで引き続いて1年以上居所を有する個人）のうち，非永住者以外の者
		非永住者	居住者のうち，日本の国籍を有しておらず，かつ，過去10年以内において国内に住所又は居所を有していた期間の合計が5年以下である個人
	非居住者		居住者以外の個人
法　人	内国法人		国内に本店又は主たる事務所を有する法人
	外国法人		内国法人以外の法人
人格のない社団等			法人でない社団又は財団で，代表者又は管理人の定めのあるもの

[B] 課税所得の範囲と課税の方式

区分＼項目			課 税 所 得 の 範 囲	課税方法
個人	居住者	非永住者以外の居住者	国の内外で生じたすべての所得	申告納税又は源泉徴収
		非永住者	国内源泉所得と，国内において支払われ又は国外から送金された国外源泉所得	申告納税又は源泉徴収
	非居住者		国内源泉所得	申告納税又は源泉徴収
法人	内国法人		国内において支払われる利子等・配当等，定期積金の給付補填金等，匿名組合契約等に基づく利益の分配及び賞金	源泉徴収
	外国法人		国内源泉所得のうち特定のもの	源泉徴収
	人格のない社団等		内国法人又は外国法人に同じ	源泉徴収

(2)　課税標準の計算等

①　各所得金額の計算

　所得税法は，②の２で記述した「所得の種類」ごとに所得金額の計算方法（収入から税法上の一定の原価等を差し引く計算方法）を規定しています。その概要は，次のとおりです（所得税法23条〜38条）。

所得種類	原 則 的 な 所 得 金 額 の 算 出 方 法	
	計 算 方 法 等	算 式
利子所得	その年中の利子等の収入金額	利子所得の金額 ＝収入金額
配当所得	その年中の配当等の収入金額。ただし，配当所得を生ずる元本を取得するために要した負債の利子の額のうち，元本所有期間に対応する部分を控除	配当所得の金額 ＝収入金額－負債利子の額
不動産所得	その年中の不動産所得に係る総収入金額から必要経費を控除した金額	不動産所得の金額 ＝総収入金額－必要経費 （※）　不動産所得の必要経費とされるものは，その不動産に係る公租公課，損害保険料，不動産の修繕費，固定資産の減価償却費，支払地代，雇人費などです。
事業所得	その年中の事業所得に係る総収入金額から必要経費を控除した金額	事業所得の金額 ＝総収入金額－必要経費 （※）　事業所得の必要経費とされるものは，売上原価，その他総収入金額を得るために直接要した費用及びその年分の販売費，一般管理費，その他事業所得を生ずべき業務について生じた費用です。
給与所得	その年中の給与等の収入金額（複数ある場合は合計額）から給与所得控除額を控除した金額	給与所得の金額 ＝収入金額－給与所得控除額 （※）　給与所得者の特定支出控除という特例もあります。
退職所得	その年中の退職手当等の収入金額から退職所得控除額を控除した残額の２分の１に相当する金額	退職所得の金額 ＝（収入金額－退職所得控除額） 　　$\times \dfrac{1}{2}$ （※）１　2013年以降，勤続年数５年以下

		の特定役員退職手当等に係る退職所得の金額の計算については，退職所得控除額控除後の残額をさらに2分の1にする軽減措置が不適用とされています。 2 2022年（令和4年）以降，勤続年数5年以下の短期退職手当等についても，退職所得控除額控除後の残額のうち300万円を超える部分について，上記1と同様，軽減措置が不適用とされます。
山林所得	その年中の山林所得に係る総収入金額から必要経費を控除し，その残額から，さらに特別控除額（最高50万円）を控除した金額	山林所得の金額 ＝総収入金額－必要経費－山林所得の特別控除額（最高50万円） （※）必要経費として控除される金額は，その山林の植林費，取得費用，管理費，伐採費，山林の育成費又は譲渡費用で，収入が生じた「その山林」に対応するものです。
譲渡所得	次の順序，方法によって求めた金額 ⅰ）まず，譲渡所得を短期譲渡所得（5年以下保有の資産）と長期譲渡所得（5年超保有の資産）の二グループに区分し，それぞれのグループ内で，その年中のその区分した所得に係る総収入金額から，その所得の基因となった資産の取得費及びその資産の譲渡に要した費用の額の合計額を控除する。この控除後の金額を「短期譲渡所得の譲渡益」及び「長期譲渡所得の譲渡益」といい，どちらか一方のグループに損失の金額があるときは，これを他のグループの金額から控除して譲渡益を計算する。 ⅱ）ⅰ）の譲渡益からさらに特別控除額（最高50万円）を控除する。	譲渡益（A） ＝短期譲渡所得の総収入金額 －（譲渡資産の取得費＋譲渡費用） 譲渡益（B） ＝長期譲渡所得の総収入金額 －（譲渡資産の取得費＋譲渡費用） 短期譲渡所得の金額 ＝A－譲渡所得の特別控除額（C：50万円を上限とした譲渡益） 長期譲渡所得の金額 ＝B－譲渡所得の特別控除額（50万円－C） （※）「取得費」とされるものは，「譲渡した資産の取得に要した金額」と「その後の設備費・改良費」です。「譲渡費用」とされるものは，仲介手数料，登記費用，借家人の立退料，土地等の譲渡のための建物取壊し損失，取壊し費用等です。
一時所得	その年中の一時所得に係る総収入金額からその収入を得るために支出した金額の合計額を控除し，その残額から，さらに特別控除額（最高50	一時所得の金額 ＝総収入金額－その収入を得るために支出した金額－特別控除額（最高50万円）

		万円）を控除した金額	（※）　収入を得るために支出した金額の範囲は，一時所得の収入を生ずる行為をするため又はその収入を生ずる原因の発生に伴い直接に要した金額に限られます。
雑所得	公的年金等	その年中の公的年金等の収入金額から公的年金等控除額を控除した金額	公的年金等所得の金額 ＝収入金額－公的年金等控除額
	その他	その年中の雑所得（公的年金等に係るものを除きます）に係る総収入金額から必要経費を控除した金額	その他所得の金額 ＝総収入金額－必要経費

(注) 1　「2023年分の給与所得控除額」は，次の算式により求める一定額です（所得税法28条）。

給与等の収入金額	給与所得控除額
1,625,000円以下	55万円
1,625,000円超1,800,000円以下	収入金額×40％－　100,000円
1,800,000円超3,600,000円以下	収入金額×30％＋　　80,000円
3,600,000円超6,600,000円以下	収入金額×20％＋　440,000円
6,600,000円超8,500,000円以下	収入金額×10％＋1,100,000円
8,500,000円超	195万円

2　「退職所得控除額」は，所得者の退職事由と勤続年数に応じて，原則として次の算式により求めます（所得税法30条）。

ⅰ）通常の退職	a）勤続年数が20年以下の場合 　　40万円×勤続年数（最低80万円） b）勤続年数が20年を超える場合 　　800万円＋70万円×（勤続年数－20年）
ⅱ）障害者になったことに直接基因した退職	上記ⅰ）によって計算した金額＋100万円

3　「2023年分の公的年金等控除額」は，公的年金等以外の所得の金額が1,000万円以下の者の場合，次の金額です（所得税法35条，租税特別措置法41条の15の３）。なお，下限額は60万円（その者が年齢65歳以上である場合には110万円）となっています。

公的年金等の収入金額	公　的　年　金　等　控　除　額
410万円以下	収入金額×25％＋　275,000円
410万円超～　770万円以下	収入金額×15％＋　685,000円
770万円超～1,000万円以下	収入金額×５％＋1,455,000円
1,000万円超	1,955,000円

（※）　公的年金等以外の所得の合計金額が1,000万円を超える者の場合には，下限額を含め控除額が10万円又は20万円減額されます。

② 課税標準の計算の仕組み

　現行の所得税法は，基本理念として総合所得税の課税方式を一応採用はしているものの，政策上の特例制度等もあって，実際には，各種所得の金額を計算した上で，ある種の所得については総合して，また，ある種の所得については分離して，「課税標準」を求めることとしています（所得税法22条，等）。

　具体的には，所得税法では，所得税の課税標準を基本的には「総所得金額」，「退職所得金額」及び「山林所得金額」の三本立てとしていますが，次頁表のように，特定の所得については，租税特別措置法等の規定により分離して課税することとしています。

【図表】　課税標準の計算の仕組み

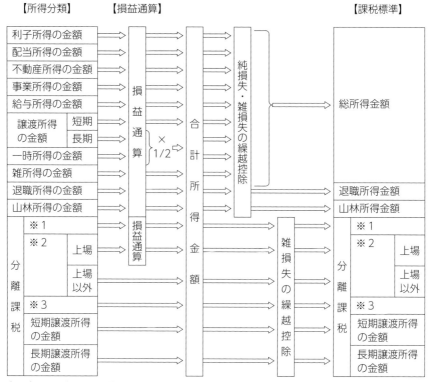

【所得分類】　　　【損益通算】　　　　　　　　　　　　　　　　　　　　【課税標準】

（※1）　上場株式の配当等に係る配当所得の金額
（※2）　株式等に係る譲渡所得等の金額
（※3）　先物取引に係る雑所得等の金額

（注）1　長期保有資産の譲渡所得は，資産の長期所有により発生した増加価値が譲渡により一時に実現するものであり，また，一時所得は，臨時的に発生するものであるため，これらの所得をそのまま他の所得と総合して超過累進税率を適用すると税負担が重くなります。そこで，負担の公平を図る見地から，長期譲渡所得の金額及び一時所得の金額については，その合計額の2分の1相当額を他の所得と総合して課税することになっています。

　　2　山林所得は，長期間にわたって育成した山林の伐採又は譲渡により一時に実現する所得であるため，その特性を考慮して，他の所得とは分離して課税し，さらに，低税率（いわゆる「5分5乗方式」）により税額計算をすることとされ，超過累進税率の適用が軽減されています。

　　3　申告分離課税の場合の所得税額の計算は，他の所得と分離して，それぞれの所得ごとに税額計算を行うことになります。申告分離課税となる所得には，土地建物等の分離短期譲渡所得金額・分離長期譲渡所得金額，株式等に係る譲渡所得等金額，申告分離課税を選択した特定公社債等の利子所得金額・上場株式等に係る配当所得金額・先物取引に係る雑所得等金額があります。

③　収入金額

　各種所得の金額は，前記3⑵①のように，原則として「収入金額」又は「総収入金額」から「必要経費」を控除して計算します。

　利子所得，配当所得，給与所得，退職所得及び公的年金等に係る雑所得については，その収益の内容が比較的単純であることから「収入金額」という用語が用いられ，残る6種類の所得（公的年金等を除く雑所得を含みます）については，その収益の内容が副収入や付随収入などを伴って複雑な場合が多いことから，「総収入金額」という用語が用いられます。

　その年分の各種所得の金額の計算上の「収入金額」又は「総収入金額」は，別段の定め（自家消費の場合，農産物の収穫の場合など）があるものを除き，権利確定主義という収益計上基準に基づく「その年において収入すべき金額」です。また，金銭以外の物又は権利その他経済的利益をもって収入する場合には，これらの価額も含まれ，その時の価額（時価）によって，その計算が行われます（所得税法36条）。

④　必要経費

　イ　必要経費の概要

　10種類の所得のうち不動産所得，事業所得，雑所得（公的年金等を除きます）及び山林所得の「所得金額」は，「総収入金額－必要経費」によって計算されます。この場合の必要経費に算入すべき金額は，別段の定めがあるものを除き，不動産所得，事業所得及び雑所得については次のⅰ）からⅲ）に掲げるものです（所得税法37条，49条，租税特別措置法10条の3，25条の2，等）。

　ⅰ）総収入金額に係る売上原価
　ⅱ）総収入金額を得るために直接要した費用の額
　ⅲ）その年中（1月1日から12月31日まで）の販売費，一般管理費及び業務について生じた費用の額（償却費以外の費用については，12月31日現在で債務の確定しているものに限られます）

（参考）　必要経費算入の特例

1　所得税法では，減価償却費については，減価償却資産の取得をした日及び個人が選択等をした償却方法を基礎とした上で，減価償却費の計算基礎である①取得価額，②耐用年数（使用可能期間），③償却方法，等の基本的事項も税法の中で規定し，法定の範囲内での減価償却費の経費性を認めることとし，「減価償却資産の耐用年数に応じた償却率によって計算した償却費の額」を必要経費に算入する旨を規定しています。

なお，この償却費の必要経費算入は任意ではなく，納税者が償却費を必要経費に算入しないで所得の計算をしていても，必ず必要経費に算入する旨の規定（強制償却）となっています。

2　青色申告者には，必要経費額の特例があります。

特　例　の　内　容
青色申告者が不動産所得又は事業所得を有する事業を営んでいる場合において，その事業について正規の簿記の原則に基づく帳簿書類を備えている等の要件を満たすときは，この特例を適用しない場合の所得金額を限度として55万円（又は65万円）を追加的に控除した後の金額を所得金額とする。

3　上記2のほかに，必要経費などとして所得を減額する計算を認める特例制度として，租税特別措置法によって種々の特別償却制度や課税の特例制度（所得金額からの一定金額の特別控除などの優遇措置）が定められています。

ロ　必要経費とされない支出

個人事業の場合には，家事（生活）上の費用と事業上の経費とが混在していることが多く，例えば，次に掲げる家事費，家事関連費，等がその例として挙げられます。これらはその個人の課税済み所得から支出（処分）すべきもの，経費性が証明できないもの等と考えられており，必要経費として控除することはできないこととされています。ただし，家事関連費であっても，業務の遂行上必要であることが明らかな部分として区分しているものは，必要経費として控除されます（所得税法45条）。

ⅰ）家事費（自己又は家族のための生活費や交際費，医療費，住宅費等）

ⅱ）家事関連費（店舗兼住宅に係る地代，家賃，火災保険料，水道光熱費等）

ⅲ）租税公課（個人を対象として課税される所得税，住民税）

ⅳ）罰金，科料及び過料

ⅴ）損害賠償金（生活上の損害賠償金，業務上の重大な過失等による損害
　　賠償金）
　ⅵ）賄　　賂
　ⅶ）仮装隠蔽所得に係る簿外経費等で帳簿書類上その存在が不明であるも
　　の等

ハ　生計を一にする親族等に支払う給与等

　個人事業においては，事業主の親族が事業に従事している場合が多くみられ
ますが，親族に給料等の支払いをする場合において，それが経費性を有する労
務の対価としての支払いなのか，扶養のための家計的な支出なのかを明確に区
分することは極めて困難です。

　そこで，所得税法では，「事業主と生計を一にする親族」に支払った給料，
賃借料，借入金の利子等の対価は，その事業主の事業所得等の金額の計算上必
要経費に算入しない旨を規定するとともに，その対価に係る各種所得の金額の
計算上，その親族が他に支払う必要経費（賃借料，保険料，公租公課等）があ
る場合には，その金額は事業主の必要経費に算入することとされています。こ
の場合，その親族については，収入金額も必要経費もないものとみなされます
（所得税法56条，等）。

(参考)　「生計を一にする親族等」の意味
　　1　「生計を一にする」とは，同一の生活共同体に属して日常生活の資を共通に
　　　し------していることをいい，必ずしも同一の家屋に起居していることをいうもので
　　　はありません。したがって，会社員などが勤務の都合上，妻子等と別居し又
　　　は就学，療養中の子弟と起居を共にしていない場合においても，常に生活費
　　　や学資金又は療養費などを送金している場合等には，「生計を一にする」もの
　　　とされます。
　　2　親族とは，民法725条《親族の範囲》に規定する者（6親等内の血族，配偶者，
　　　3親等内の姻族）をいいます。
　　3　青色申告者については，事業専従者に支払った給与が必要経費とされ，事
　　　業専従者においては，給与所得の収入金額とされるという特例があります。

⑤　損益通算及び損失の繰越控除

イ　損益通算

　所得税法は，前述のとおり，10種類の各種所得の金額を計算した上で課税標準を求めることとされており，この課税標準は，原則として「総所得金額」，「退職所得金額」及び「山林所得金額」の三本立てとしています。

　したがって，各種所得の金額を計算してその全部が黒字となる場合には，それを合計し，「総所得金額」などを計算すればよいことになりますが，各種所得の金額の計算において損失（赤字）が生ずることもあります。このような場合，すなわち，その年中の各種所得の金額の計算上「不動産所得，事業所得，山林所得及び譲渡所得」の金額に損失（赤字）が生じた場合には，この損失額を他の黒字の各種所得の金額から控除することが認められており，このことを「損益通算」といいます（所得税法69条，租税特別措置法41条の4，等）。

　ただし，「配当所得，給与所得，一時所得，雑所得の金額の計算上生じた損失」などの一定の損失の金額は，政策的見地等から，損益通算の対象から除かれています。

（参考）　損益通算の方法

　　損益通算は，総所得金額を経常的に発生する所得（利子，配当，不動産，事業，給与，雑（以下「経常グループ」といいます））と臨時的に発生する所得（譲渡，一時（以下「臨時グループ」といいます））の2つのグループに区分して，まず，同一グループ内で通算し，次に，経常グループと臨時グループとの間で，最後に，山林所得と退職所得を含めた全体で，というように，第1次通算，第2次通算，第3次通算の順序で通算することになっています。

ロ　損失の繰越控除

　所得税における所得金額の計算は，一暦年ごとの期間計算を建前とし，その年に生じた損失の金額は翌年以後の所得金額の計算に影響させないことを原則としています。しかしながら，損失の発生に伴う担税力の減少等を考慮して，この暦年単位計算の例外として，翌年以後3年間（原則）の損失の繰越控除を認めています（所得税法70条〜72条：これを「損失の繰越控除」といいます）。

　具体的には，(イ)青色申告者が損益通算を行った結果，なお控除しきれない損

失の金額があるときの控除未済金額の合計額を「純損失の金額」と呼称し，㈹
雑損控除（下表を参照）のうちその年分の所得金額から控除できなかった控除
不足額を「雑損失の金額」と呼称して，㈹両者の3年間（特定非常災害に係る
損失については5年間）の繰越控除を認めています。

⑶　所得控除及び所得金額調整控除

①　所得控除の種類と意義

　　所得税の税額は，課税標準から各種の「所得控除」を控除した後の「課税所
得金額」に税率を乗じて計算します。この総所得金額等から差し引かれる2023
年（令和5年）分所得税における各種の「所得控除」は，次の15種類となって
います（所得税法72条〜86条，等）。

所得控除の種類	控　除　の　内　容　及　び　控　除　金　額　の　概　要	
	内　　　容	控　除　金　額
雑損控除	本人又はその者と生計を一にする親族の有する資産について，災害，盗難又は横領によって損害を受けた場合や，災害に関連してやむを得ない支出をした場合に控除	損失額から，5万円と総所得金額等の10％とのいずれか少ない金額等を控除した金額
医療費控除	本人又はその者と生計を一にする配偶者その他の親族に係る医療費を一定額以上支払った場合に控除	支払額から，10万円と総所得金額等の5％とのいずれか少ない金額を控除した金額，最高200万円 (注)　スイッチOTC薬については，最高8万8千円の特例控除との選択適用。
社会保険料控除	本人又はその者と生計を一にする配偶者その他の親族の負担すべき社会保険料を支払った場合，又は給与等から控除された場合に控除	支払額がそのまま控除額
小規模共済等掛金控除	小規模企業共済制度等の掛金を支払った場合に控除	支払額がそのまま控除額
生命保険料控除	生命保険料，介護医療保険料又は個人年金保険料を支払った場合に控除	各保険料を原則として4万円まで控除，合計12万円
地震保険料控除	地震等による損失の額をてん補する目的の損害保険契約等に係る保険料又は掛金を支払った場合に控除	支払額を控除，最高5万円

寄附金控除	2,000円を超える公益性の高い特定寄附金（国等，特定公益増進法人，公益社団・財団法人，等への寄附金）を支出した場合に控除	特定寄附金の額の合計額と総所得金額等の40％のいずれか少ない金額から，2,000円を控除した金額
障害者控除	本人が（特別）障害者である場合又は同一生計配偶者や扶養親族のうちに（特別）障害者がいる場合に控除 （注）　同一生計配偶者や扶養親族は，合計所得金額が48万円以下の者。	一般の障害者は27万円，特別障害者は40万円，同居の特別障害者は75万円
寡婦控除	本人が寡婦で，かつ，ひとり親に該当しない場合に控除 （注）1　本人の合計所得金額が500万円以下で，事実婚の事情にない者に限られます。 　　　2　離婚の場合には，扶養親族を有することが要件となります。	一律27万円
ひとり親控除	本人がひとり親である場合に控除 （注）1　本人の合計所得金額が500万円以下で，事実婚の事情にない者に限られます。 　　　2　その者が有する「生計を一にする子」は，合計所得金額が48万円以下の者に限られます。	一律35万円
勤労学生控除	本人が勤労学生である場合に控除 （注）　勤労学生は，合計所得金額が75万円以下の者に限られます。	一律27万円
配偶者控除	合計所得金額が48万円以下の控除対象配偶者を有する場合に控除 　ただし，所得者本人の合計所得金額が1,000万円を超える場合は適用がありません。	一般の配偶者は38万円，老人控除対象配偶者（70歳以上）は48万円 　ただし，所得者の合計所得金額により3段階で逓減
配偶者特別控除	控除対象配偶者に該当しない合計所得金額が48万円超133万円以下の配偶者を有する場合に控除（合計所得金額が95万円を超え133万円以下の配偶者の場合は逓減控除） 　ただし，所得者本人の合計所得金額が1,000万円を超える場合は適用がありません。	配偶者の合計所得金額に応じて，段階的に3万円～38万円 　ただし，所得者の合計所得金額により3段階で逓減
扶養控除	合計所得金額が48万円以下の控除対象扶養親族（扶養親族のうち，16歳以上の者）を有する場合に控除 （注）　国外居住親族は，原則，年齢が30歳以上70歳未満の者は対象外。	一般の扶養親族は38万円，特定扶養親族（19歳以上22歳以下）は63万円，老人扶養親族（70歳以上）のうち同居老親等は58万円で，それ以外の老人扶養親族は48万円

基礎控除	すべての者を対象に控除	原則48万円を控除
		ただし，所得者の合計所得金額が2,400万円を超える場合には，次の金額等に減額される。

合計所得金額	控除額
2,400万円超 2,450万円以下	32万円
2,450万円超 2,500万円以下	16万円
2,500万円超	控除なし

（注）　上記の配偶者控除及び配偶者特別控除の所得金額等に応じた具体的な控除額は，次のとおりです。

配偶者の給与収入（合計所得金額）───────────────→ （単位：万円）

	配偶者控除	配偶者特別控除									
	~103 (~38)	~150 (~85)	~155 (~90)	~160 (~95)	~167 (~100)	~175 (~105)	~183 (~110)	~190 (~115)	~197 (~120)	~201 (~123)	201~ (123~)
~1,120 (~900)	38	38	36	31	26	21	16	11	6	3	–
~1,170 (~950)	26	26	24	21	18	14	11	8	4	2	–
~1,220 (~1,000)	13	13	12	11	9	7	6	4	2	1	–
1,220~ (1,000~)	–	–	–	–	–	–	–	–	–	–	–

納税者本人の給与収入（合計所得金額）

（出典）　財務省「税制調査会説明資料」を一部編集。

② 　所得控除の順序

　総所得金額，山林所得金額，退職所得金額などの課税標準から所得控除の金額を差し引くに当たっては，所得控除相互の間に差し引く順序があるとともに，それぞれの課税標準についても差し引かれる順序が定められています（所得税法87条，89条）。

　イ　所得控除の順序

　所得控除の順序は，まず最初に雑損控除を他の諸控除と区分して所得金額から差し引き，次にその他の控除を同順位に行います。

（参考）　雑損控除を優先する理由

　　　雑損控除を優先するのは，雑損控除の金額は他の控除と異なり，所得金額から引ききれない場合には，その引ききれない金額を控除不足額として，翌年以降3年間又は5年間繰り越して所得計算の際に差し引くことが認められているからです。

　ロ　課税標準からの所得控除の順序

　課税標準からの所得控除は，ⅰ）総所得金額，ⅱ）山林所得金額，ⅲ）退職所得金額の順で差し引きます。すなわち，まず雑損控除の金額を上記の順序で差し引いた後，なお，所得の金額がある場合には残りの控除の合計金額を同じ順序で差し引くこととなります。

（参考）　所得控除後の各課税所得の名称

　　　これらの所得控除後の残額を，それぞれ課税総所得金額，課税山林所得金額，課税退職所得金額といいます。

③　所得金額調整控除

　子育てや介護を行っている者の負担増に配慮し，また，給与所得と公的年金等に係る雑所得がある場合の概算経費控除額の調整（取戻し調整）をする等の観点から，次のような措置が講じられています（租税特別措置法41条の3の3，41条の3の4）。

(イ)　その年の給与等の収入金額が850万円を超える居住者の場合	下表の左欄に掲げた者の総所得金額を計算するときには，右欄に掲げた金額を給与所得の金額から控除します。	
	控除対象者	**控除金額**
	ⅰ）その所得者自身が特別障害者である者 ⅱ）その所得者が次の者を有する者 　a）年齢23歳未満の扶養親族 　b）同一生計配偶者又は扶養親族である特別障害者	「給与等の収入金額－850万円」×10% （注）　上記算式の「給与等の収入金額」は，1,000万円が上限金額とされます。
(ロ)　「給与所得控除後の給与等の金額」及び	左の金額の合計額が10万円を超える者の総所得金額を計算する場合には，これら2つの金額（各々10万円を限度）の合	

「公的年金等に係る雑所得の金額」がある居住者の場合	計額から10万円を控除した残額を，給与所得の金額（上記(イ)の控除後の残額）から控除します。
(ハ) 公的年金等に係る確定申告不要制度における公的年金等以外の所得金額を算定する場合	上記(ロ)の所得金額調整控除を給与所得の金額から控除します。

(4) 税額計算

① 税率及び税額の計算

　税額の計算については，原則として納税者に帰属するすべての所得を総合し，これに超過累進税率等を適用することによって所得金額の多寡による負担の調整が図られています。

　所得税額の計算過程の概略は，次のとおりです（所得税法89条〜95条，等）。

> ① 課税標準から所得控除を控除した後の金額を課税所得金額といい，この課税所得金額は，課税総所得金額，課税山林所得金額及び課税退職所得金額に区分されます。さらに，租税特別措置法によって分離課税とされる課税所得金額があります。

> ② これらの課税所得金額に，それぞれ，税率を乗じて税額（算出税額）を求めます。

> ③ その算出税額の合計額から，税額控除を行って，その年分の所得税額（年税額）を求めます。

> ④ 確定申告により納付する税額は，その年税額からさらに，源泉徴収税額（後記6を参照）と予定納税額を控除します。

② 基本的な税率による税額計算

　所得税の税額計算の基本となる税率は，超過累進税率となっており，課税総所得金額，課税退職所得金額及び課税山林所得金額に対する税額は，通常の場合，次の速算式により計算します。

課　税　所　得	速　算　式
～　195万円以下	課税標準（C）×5％
～　330万円以下	C×10％－　　97,500円
～　695万円以下	C×20％－　427,500円
～　900万円以下	C×23％－　636,000円
～1,800万円以下	C×33％－1,536,000円
～4,000万円以下	C×40％－2,796,000円
4,000万円超	C×45％－4,796,000円

（参考）　課税山林所得金額に対する税額計算と超高水準所得者に対する税額計算

　　　課税山林所得金額に対する税額は，いわゆる5分5乗方式（課税山林所得金額の5分の1に相当する金額に所得税法89条1項に規定する税率を乗じて計算した税額を5倍する方式）により算出します。

　　　2025年分（令和7年分）以後の所得税からは，その年分の「［基準所得金額（申告不要制度は不適用とし，所得の特別控除は適用した後の合計所得金額）－3.3億円］×22.5％」と「基準所得税額（外国税額控除等の適用前の基準所得金額に対する所得税額）」との差額を追加課税する特例制度が適用されます（租税特別措置法41の19）。

③　税額控除

　所得税法では，源泉徴収によって前払いをした所得税を控除する所得税額控除のほかに，所得税額を減額させる効果を持つ税額控除制度として，法人税との二重課税を調整するための「配当控除」，及び外国の課税との二重課税を調整するための「外国税額控除」の規定が設けられています。また，租税特別措置法には，持家取得促進制度の一環としての「住宅借入金等特別控除」などの政策目的を持つ税額控除制度が設けられています。

　イ　税額控除の種類

　所得税額控除以外の税額控除の種類とその概要は，次頁表のとおりです。

種　類	概　要
配当控除	内国法人から受ける配当所得を有する場合に控除（控除額は，原則，配当所得金額の5％又は10％）
外国税額控除	国外源泉所得について，外国の法令により所得税に相当する税を課せられたときに控除（控除額は，所得総額のうちの国外源泉所得対応分の税額で，必要経費との選択適用） （注）　2020年（令和2年）分の所得税からは，集団投資信託に係る分配時調整外国税相当額の控除制度が追加されています。
住宅取得関連の税額控除	住宅借入金等特別控除，特定増改築等の住宅借入金等特別控除，住宅耐震改修特別控除，住宅特定改修特別税額控除，認定住宅等の新築等特別税額控除，等（控除額は，住宅借入金年末残高や工事費用などの一定割合で，年間40万円などの一定金額を限度）
寄附金に係る税額控除	政党等寄附金特別控除，認定NPO法人等寄附金特別控除，公益社団法人等寄附金特別控除（控除額は，所得税額の25％と総所得金額等の40％を限度とし，所得控除である寄附金控除との選択適用）
その他の政策的配慮を目的とした税額控除	試験研究費の税額控除，設備投資に係る税額控除，賃上げ促進税制の税額控除など（控除額は，設備投資額等と所得税額の一定割合を限度）

ロ　税額控除の順序

　税額控除は，まず，課税総所得金額に係る税額から控除し，次に，課税山林所得金額に係る税額及び課税退職所得金額に係る税額から順次控除する，という順序で行います。

4　申告及び納付

(1)　申告納税方式の採用

　所得税は，納税者自らが所得金額や税額を計算して申告し，自ら納税する申告納税方式を基本としています（所得税法120条～130条，等）。

　そのため，納税者自身が一暦年の所得金額とその所得金額に対する税額を計算して確定申告を行い，その申告に基づき自主的に納税をすることになります。

(2)　申告時期及び納付時期

　確定申告義務のある者は，その年分の所得や税額を計算し，翌年2月16日か

ら3月15日までの間に，申告書を提出しなければなりません。

　この申告書の提出を確定申告といい，確定申告により確定した所得税額は，申告書の提出期限までに納めることとされています。

（参考）　予定納税制度等と年税額の精算等

　　1　所得税の納税は，納税者がその年の経過後において納税額等を申告し，その申告した税額を自主的に納付することを建前としていますが，ⅰ）確定申告時に一時に多額の税額を納付することは，納税者にとって非常に負担となること，ⅱ）国としては歳入を平準化する必要があること，ⅲ）所得の発生の都度，それに応じて納税するのが理想であることなどの理由から，後記6の「源泉徴収制度」のほかに，所得の発生する期間中に，いわば概算で3分の1ずつを7月と11月の2回（特別農業所得者の場合は，2分の1を11月に1回），前納（分割納税）するという予定納税制度（基準額が15万円以上の場合に限られます）が設けられています。

　　2　予定納税や源泉徴収により予め納付した所得税があれば，確定申告により，これを精算して第3期分の最終的な納付すべき所得税額を確定させるほか，確定申告時に過納となっている場合のその過納額は還付を受けることになります。

　　3　1か所のみから給与を受けその他の所得（給与所得及び退職所得以外の所得）の金額が20万円以下の者や，公的年金等の収入金額が400万円以下で公的年金等以外の所得が20万円以下の者等は，所得税の確定申告を要しない者とされています（源泉徴収税額のみで課税関係を終了させる者となります）。

⑶　青色申告制度

　所得税の申告納税制度が有効かつ円滑に実施されるためには，納税者が自ら正しい記帳に基づく適正な申告と納税を行うことを推進する必要があります。

　そこで，申告納税制度を確立・発展させるために設けられた制度が青色申告制度であり，シャウプ勧告に基づく所得税の抜本的改革が行われた1950年（昭和25年）に導入されています（所得税法143条〜149条，等）。

①　青色申告制度の概要

　青色申告制度とは，一定の帳簿を備え付け，それに基づいて正確に所得を計算する者を前提として，そのような納税者に対して税法上の特典（後述の②を参照）を与えるというものです。なお，青色申告をすることのできる居住者は，

不動産所得，事業所得又は山林所得を生ずべき業務を行う者に限られており，かつ，これらの所得が対象となります。また，青色申告の要件としては，次のことが定められています。

- 税務署長へ，青色申告の承認申請書を提出して，あらかじめ承認を受けること
- 一定の帳簿書類を備え付けて，これに事業所得等の金額に係る取引を記録し，かつ，これを保存すること

② 青色申告者に与えられている特典

特典には，ⅰ）適正な青色事業専従者給与額の必要経費算入，青色申告特別控除等のほか，ⅱ）純損失の繰越控除・繰戻還付，ⅲ）棚卸資産の評価における低価法の採用，ⅳ）試験研究費や一定の設備投資等に対する税額控除や特別償却といった優遇措置の適用，ⅴ）準備金積立額の必要経費算入，ⅵ）帳簿調査によらない更正の制限などがあります。

(参考) 白色申告者の帳簿書類の備付け等

　　　1984年（昭和59年）の税制改正以後，不動産所得，事業所得又は山林所得を生ずべき業務を行う白色申告者においても，一定の帳簿を備え付けてこれにこれらの所得を生ずべき業務の総収入金額及び必要経費に関する事項を簡易な方法により記録し，かつ，その帳簿及び関係書類を整理して7年間（一定のものは5年間）保存しなければならないとされています（所得税法232条）。

5 復興特別所得税

2011年（平成23年）12月2日に，東日本大震災からの復興のための施策を実施するために必要な財源の確保に関する特別措置法が公布され，「復興特別所得税」が創設されました。

これにより2013年（平成25年）から2037年（令和19年）までの各年分の確定申告においては，所得税の申告に併せて，基準所得税額（外国税額控除及び源泉徴収税額控除の控除前の所得税額）に2.1％を乗じた復興特別所得税を申告・納付することとされています。

なお，この復興特別所得税は，所得税との兼用様式の申告書に，基準所得税額，復興特別所得税額等の事項を併せて記載して申告することになっています。

また，2013年（平成25年）1月1日から2037年（令和19年）12月31日までの間に生ずる所得について所得税を源泉徴収する際には，復興特別所得税を併せて徴収して納付しなければならないこととされています（確定申告を行う者などは，その確定申告の際に精算されます）。この源泉徴収に際しては，原則として所得税と復興特別所得税を併せた次表のような合計税率（所得税率 × 102.1％）によりその徴収を行うこととなります。

所得税率（%）	5	10	15	16	18	20
合計税率（%）	5.105	10.21	15.315	16.336	18.378	20.42

6　源泉徴収制度

(1)　源泉徴収制度の意義等

　所得税や法人税は，「申告納税制度」を建前としていますが，これと併せて特定の所得については，源泉徴収制度が採用されています。

　源泉徴収制度は，その制度下において国税当局による納税告知という処分もあります。しかし，この納税告知の処分も含め源泉徴収制度は賦課制度ではなく，あくまで租税の徴収制度であり，納税義務者以外の第三者に租税を徴収させ国に納付させる制度です。

　また，源泉徴収制度は，納税義務者から直接に租税を徴収することが困難である場合，能率的かつ確実に租税を徴収する必要がある場合等を対象に，次のようなものを対象に，租税の徴収の確保のために採用されている制度です。

　ⅰ）必要経費が比較的少ない所得であるもの

　ⅱ）同一人に対して継続して反復的に支払われるもの

　ⅲ）同一人から多数の者に支払われる性格のもの

　ⅳ）源泉徴収を行う能力のある者から支払われるもの

　ⅴ）1回の支払金額があまり少額でないもの

　具体的には，給料や報酬などの支払いをする者（源泉徴収義務者）が，次頁図のように，給料や報酬などを支払う際，その給料や報酬の金額などに応じて定められている所得税の額を計算し，その所得税額を天引きして，一定の期日

までに国に納付する制度のことをいいます。

　源泉徴収税額は，非居住者などに対する源泉分離課税（国際課税における唯一の課税方式など）とされるものを除いて，原則として被徴収者のその年分等の所得税又は法人税の前払いとしての性格を有し，基本的には，確定申告などを通じて年税額との差異の調整と清算が予定されているものといえます。

【源泉徴収のあらまし】

（注）　源泉所得税額の税収は，全所得税額の税収のうちの約80％を占めています。

(2) 源泉徴収制度の概要

　源泉徴収制度の概要（対象所得と源泉徴収税率等のあらまし）は，支払を受ける者の区分に応じて，次表のようになっています。

　なお，国内において給与の支払いを受ける居住者（給与所得者）は，源泉控除対象配偶者の有無，控除対象扶養親族の有無などの源泉徴収に必要な情報を，「給与所得者の扶養控除等申告書」などによって給与の支払者に提供し，給与の支払者はその情報に基づき，「源泉徴収税額表」などを使用して源泉徴収（年末調整を含みます）を行うことになっています。

【図表】　源泉徴収の対象所得と源泉徴収税率等

	源 泉 徴 収 の 対 象 所 得	源泉徴収税率等
居住者	・利子等	15.315%
	・配当等	15.315%・20.42%
	・給与等	税額表等による徴収
	・退職手当等	税率表等による徴収
	・公的年金等	5.105%
	・報酬・料金等	10.21%・20.42%
	・生命保険契約等に基づく年金等	10.21%
	・定期積金の給付補塡金等	15.315%
	・匿名組合契約等に基づく利益の分配	20.42%
	・特定口座内保管上場株式等の譲渡による所得等	15.315%

	・懸賞金付預貯金等の懸賞金等	15.315%
	・割引債の償還差益・差益金額	15.315%・16.336%・18.378%
内国法人	・利子等	15.315%
	・配当等	15.315%・20.42%
	・定期積金の給付補填金等	15.315%
	・匿名組合契約等に基づく利益の分配	20.42%
	・馬主が受ける競馬の賞金	10.21%
	・懸賞金付預貯金等の懸賞金等	15.315%
	・割引債の償還差益・差益金額	15.315%・16.336%・18.378%
非居住者及び外国法人	・組合契約に基づく事業利益の配分（PE（恒久的施設）有りの非居住者及び外国法人）	20.42%
	・土地，建物等の譲渡対価	10.21%
	・人的役務の提供事業の対価	20.42%
	・不動産の賃貸料等	20.42%
	・利子等	15.315%
	・配当等	15.315%・20.42%
	・貸付金の利子	20.42%
	・工業所有権等の使用料等	20.42%
	・給与等の人的役務の提供に対する報酬等（非居住者個人に対するもの）	20.42%
	・事業の広告宣伝のための賞金	20.42%
	・生命保険契約等に基づく年金等	20.42%
	・定期積金の給付補填金等	15.315%
	・匿名組合契約等に基づく利益の分配	20.42%
	・特定口座内保管上場株式等の譲渡による所得等（PE 有りの非居住者）	15.315%
	・懸賞金付預貯金等の懸賞金等	15.315%
	・割引債の償還差益・差益金額	15.315%・16.336%・18.378%

⑶　月々等の給与支給における源泉徴収

　通常，月々（日々）の給料や賞与などから源泉徴収をする所得税及び復興特別所得税の額は，税額表を使用して求めることになります。そして，この場合の税額は，通常給与と賞与の別，「給与所得者の扶養控除等申告書」の提出の有無，給与の支給方法等に応じて，次頁表のような税額表と所定の税額欄を使用して求めることになっています。

区　分	給与等の支給区分	税額表の使用する欄
月額表	(1)　月ごとに支払うもの (2)　半月ごと，10日ごとに支払うもの (3)　月の整数倍の期間ごとに支払うもの	甲欄……「給与所得者の扶養控除等 　　　　申告書」を提出している人 　　　　に支払う給与等 乙欄……その他の人に支払う給与等
日額表	(1)　毎日支払うもの (2)　週ごとに支払うもの (3)　日割で支払うもの （※日雇賃金を除きます）	同上
	日雇賃金	丙欄
賞与に対する源泉徴収税額の算出率の表	賞与。ただし，前月中に普通給与の支払いがない場合又は賞与の額が前月中の普通給与の額の10倍を超える場合には，月額表を使います。	甲欄……「給与所得者の扶養控除等 　　　　申告書」を提出している人 　　　　に支払う賞与 乙欄……その他の人に支払う賞与

　なお，月額表甲欄を使用する月額給与に対する源泉徴収税額の算出例を示せば，次のようになります。

【図表】　月額表甲欄の使用例（「給与所得者の扶養控除等申告書」の提出がある場合）

―― （設例） ――
(1)　給与等の支給額（月額）……………………………………………………………… 420,000円
(2)　給与等から控除する社会保険料等 ………………………………………………… 63,087円
(3)　扶養親族等の数 ………………………………………………………………………… 2人
　　（源泉控除対象配偶者あり，控除対象扶養親族1人）

〔税額の計算〕
①　社会保険料等控除後の給与等の金額を求めると，356,913円（420,000円－63,087円）となります。
②　月額表の「その月の社会保険料等控除後の給与等の金額」欄で，357,363円が含まれる「356,000円以上359,000円未満」の行を求め，その行と「甲」欄の「扶養親族等の数2人」の欄との交わるところに記載されている金額7,450円を求めます。これがその給与等から源泉徴収をする所得税及び復興特別所得税の額です。

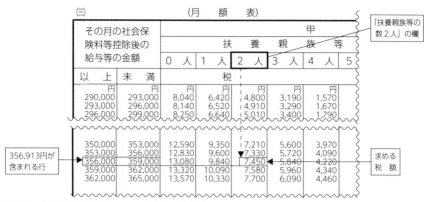

⑷　年末調整制度

　源泉徴収制度のうち，ここにいう「年末調整制度」と次の⑸の「退職手当等の支給における源泉徴収」は，租税特別措置法などにより政策的目的等から源泉分離課税とされる利子所得などを除けば，申告納税方式の総合課税（確定申告による年税額の精算）を原則とする所得税の中において，①その所得の支払者の段階で年税額が確定する，②年税額の精算が行われる，という性質を有する特殊な制度です。

　そして，この「年末調整制度」は，給与等の支払者が，その年最後の給与等の支払いの際に，給与所得者の一人ひとりについてその年分の給与等の支給総額について確定申告時と同様な次のような計算をした年税額と，毎月等の給与等の支払いの際に徴収した税額の合計額を比較して，その過不足額を精算するという制度です（所得税法190条）。

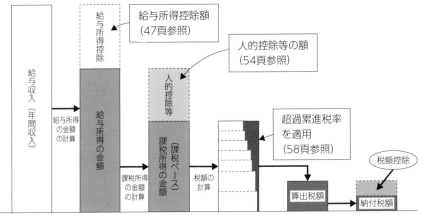

(注)　年末調整に取り込むことのできない雑損控除，医療費控除，寄附金控除や住宅借入金等特別控
　　　除（初年度分）がある場合や，２箇所以上から給与の支給を受けている場合などには，一の給与
　　　等の支払者の下で年税額の精算を行うことができないので，確定申告で精算をすることになります。
(出典)　財務省「我が国の税制の概要」を一部編集。

(5)　退職手当等の支給における源泉徴収

　通常，退職手当などの退職所得から源泉徴収をする所得税及び復興特別所得
税の額は，①退職手当等の支払を受ける人（退職者）から，「退職所得の受給
に関する申告書」の提出を受け，この申告書に記載されている勤続年数などに
基づいて退職所得控除額を求め，②「課税退職所得金額の算式の表」の「退職
手当等の区分」に応じて計算した課税退職所得金額を課税標準として，「退職
所得の源泉徴収税額の速算表」の「税額」欄に示されている算式に従って税額
を計算し，③退職手当等を支払う際にその税額を源泉徴収することになります。
なお，源泉徴収税額の算出例を示せば，次のようになります。

┌─（設例）─────────────────────────────
│(1)　勤続期間………………平成５年10月１日就職〜令和５年３月31日退職
│(2)　退職手当等の金額……1,700万円（一般退職手当等）
│(3)　退職の理由……………定年退職

(注)　この設例は「退職所得の受給に関する申告書」が提出されている場合の例ですが，この申告書
　　　が提出されていない場合には，退職手当等の収入金額に20.42％を乗じた税額を源泉徴収すること
　　　になります。

〔税額の計算〕

① 勤続年数は，29年6か月ですから1年未満の端数を切り上げて30年となります。

② 「源泉徴収のための退職所得控除額の表」によって，「勤続年数」が「30年」で「一般退職の場合」の退職所得控除額を求めると1,500万円となります。

③ 退職手当等の金額から退職所得控除額を控除した残額を2分の1して課税退職所得金額を求めます。

$$(1,700万円－1,500万円)\times\frac{1}{2}=100万円$$

（源泉徴収のための退職所得控除額の表）

勤続年数	退職所得控除額	
	一般退職の場合	障害退職の場合
	千円	千円
24 年	10,800	11,800
25 年	11,500	12,500
29 年	14,300	15,300
30 年 →	15,000	16,000
31 年	15,700	16,700
32 年	16,400	17,400

④ 「退職所得の源泉徴収税額の速算表」の「税額」欄に算式が示されていますので，この算式に従って税額を計算します。

（100万円×5%）×102.1%＝51,050円

これがその退職手当等から源泉徴収をする所得税及び復興特別所得税の額です。

退職所得の源泉徴収税額の速算表（令和5年分）

課税退職所得金額 (A)	所得税率 (B)	控除額 (C)	税額＝((A)×(B)－(C))×102.1%
1,950,000円以下	5%	－	((A)×5%) ×102.1%
1,950,000円超 3,300,000円〃	10%	97,500円	((A)×10%－ 97,500円)×102.1%
3,300,000円〃 6,950,000円〃	20%	427,500円	((A)×20%－ 427,500円)×102.1%
6,950,000円〃 9,000,000円〃	23%	636,000円	((A)×23%－ 636,000円)×102.1%
9,000,000円〃18,000,000円〃	33%	1,536,000円	((A)×33%－1,536,000円)×102.1%
18,000,000円〃40,000,000円〃	40%	2,796,000円	((A)×40%－2,796,000円)×102.1%
40,000,000円〃	45%	4,796,000円	((A)×45%－4,796,000円)×102.1%

(注)　求めた税額に1円未満の端数があるときは，これを切り捨てます。

(出典)　国税庁「源泉徴収のしかた」を一部編集。

(6) 報酬料金等の支払いの際の源泉徴収

通常，原稿料，講演料，技芸・スポーツ・知識等の教授・指導料，税理士報酬，外交員報酬，出演料，ホステスの報酬などの報酬・料金等の支払者は，その支払いの際に一定の税率により所得税及び復興特別所得税を徴収して国に納付する必要があります。

また，この源泉徴収の対象とされている報酬・料金等の範囲及び税額の計算方法は，次頁表のようになっています。

（参考）　源泉徴収の必要のない場合

　　給与等の支払いがない個人又は常時2人以下の家事使用人のみに対して給与等を支払う個人は，次表の10に掲げるホステスなどの報酬・料金を支払う場合を除き，源泉徴収を行う必要はありません。

| Ⅰ　居住者に対して支払う報酬・料金等 | |

源泉徴収の対象となる報酬・料金等	源泉徴収の対象額と徴収税率
1　原稿料，作曲料，印税，講演料，デザイン料等の報酬	1回の支払金額に，10.21% ただし，100万円を超える部分は20.42% ㊟　「6」について，源泉徴収免除証明書の交付を受けた人に支払うものは不徴収
2　弁護士，公認会計士，税理士，社会保険労務士，弁理士等の業務に関する報酬や料金	
3　職業野球の選手，競馬の騎手，プロレスラー，モデル等の業務に関する報酬や料金	
4　映画，演劇等の芸能，ラジオ，テレビ放送への出演等に対する報酬や料金	
5　芸能人の役務提供を内容とする事業に対する報酬や料金	
6　役務の提供を約すること等により一時に支払う契約金	
7　司法書士，土地家屋調査士等の業務に関する報酬や料金	1回の支払金額から1万円を差し引いた額に，10.21%
8　プロボクサーの業務に関する報酬	1回の支払金額から5万円を差し引いた額に，10.21%
9　外交員，集金人等の業務に関する報酬や料金	その月分の支払金額から12万円（給与等の支払いがあるときは，それを差し引いた残額）を差し引いた額に，10.21%
10　ホステス，バンケットホステス・コンパニオン等の業務に関する報酬や料金	1回の支払金額から，5千円にその支払金額の計算期間の日数を乗じた額（給与等の支払があるときは，それを差し引いた残額）を差し引いた額に，10.21%
11　社会保険診療報酬支払基金が支払う診療報酬	その月分の支払金額から20万円を差し引いた額に，10.21%
12　事業の広告宣伝のための賞金	1回の支払金額から50万円を差し引いた額に，10.21%
13　馬主が受ける競馬の賞金	1回の支払金額から「賞金×20%＋60万円」を差し引いた額に，10.21%

| Ⅱ　内国法人に対して支払う報酬・料金等 | |

源泉徴収の対象となる報酬・料金等	源泉徴収の対象額と徴収税率
馬主に支払う競馬の賞金	1回の支払金額から「賞金×20%＋60万円」を差し引いた額に，10.21%

70

7　法定調書制度

　法定調書とは，所得税法などの規定により税務署に提出が義務付けられている資料のことをいい，この提出制度のことを法定調書制度といいます。

　法定調書は，適正・公平な課税を実現するために必要不可欠なもの（各種の取引について，課税に関する事項等を記載して税務署に提出する資料）であることから，国税庁においては，各種広報活動を行い，提出義務者に対して指導をするとともに，必要に応じて調査（法定監査）も行っています。

　なお，法定調書の主なものには，以下のものがあります。

i ）所得税法に規定する法定調書	給与所得の源泉徴収票（給与支払報告書）／退職所得の源泉徴収票・特別徴収票／報酬，料金，契約金及び賞金の支払調書／不動産の使用料等の支払調書／不動産等の譲受けの対価の支払調書／不動産等の売買又は貸付けのあっせん手数料の支払調書／公的年金等の源泉徴収票／株式等の譲渡の対価等の支払調書／金地金等の譲渡の対価の支払調書／非居住者等に支払われる給与，報酬，年金及び賞金の支払調書／非居住者等に支払われる人的役務提供事業の対価の支払調書／外国親会社等が国内の役員等に供与等をした経済的利益に関する調書
ii ）相続税法に規定する法定調書	生命保険金・共済金受取人別支払調書／保険契約者等の異動に関する調書
iii ）租税特別措置法に規定する法定調書	特定口座年間取引報告書／非課税口座年間取引報告書／未成年者口座年間取引報告書／教育資金管理契約の終了に関する調書／結婚・子育て資金管理契約の終了に関する調書
iv ）国外送金等調書法(※)に規定する法定調書	国外送金等調書／国外財産調書／国外証券移管等調書／財産債務調書 ※　国外送金等調書法とは，「内国税の適正な課税の確保を図るための国外送金等に係る調書の提出等に関する法律」のことをいいます。

（注）　2027年（令和9年）1月1日以後，市町村等に「給与支払報告書」（法定調書）を提出した場合には，税務署に提出すべき「給与所得の源泉徴収票」も提出したものとみなされ，税務署長へのこの法定調書の提出は不要となります。

8　所得税の申告書の仕組み

　所得税の課税所得等を有して申告を要する個人が提出する確定申告書の様式（主な記載事項及びその記載箇所等）並びに設例に基づく記載例は，次のとおりです。

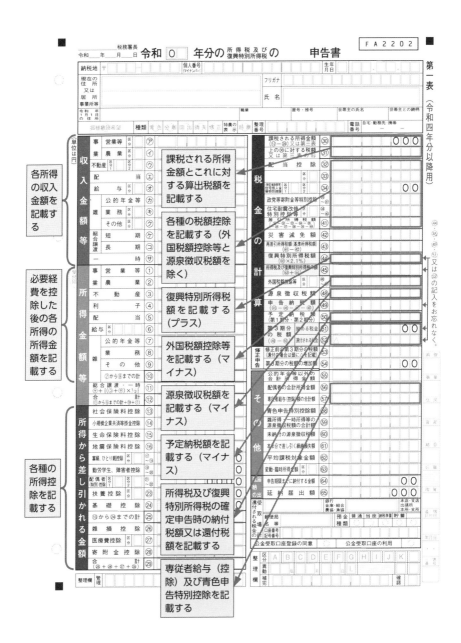

各所得の収入金額を記載する

必要経費を控除した後の各所得の所得金額を記載する

各種の所得控除を記載する

課税される所得金額とこれに対する算出税額を記載する

各種の税額控除を記載する（外国税額控除等と源泉徴収税額を除く）

復興特別所得税額を記載する（プラス）

外国税額控除等を記載する（マイナス）

源泉徴収税額を記載する（マイナス）

予定納税額を記載する（マイナス）

所得税及び復興特別所得税の確定申告時の納付税額又は還付税額を記載する

専従者給与（控除）及び青色申告特別控除額を記載する

72

設例（単位：円）

下記の事項を前提とした申告書の記載事例は，以下のとおりです。

- ・営業収入40,572,600／営業所得7,367,200／専従者給与額（堀留一郎）1,020,000
- ・不動産収入2,257,000／不動産所得1,279,200
- ・所得控除（社会保険料控除1,380,912／小規模企業共済等掛金控除180,000／生命保険料控除40,000／地震保険料控除25,000／障害者控除750,000／配偶者控除380,000／扶養控除960,000／基礎控除480,000／寄附金控除263,000）
- ・税額控除（なし）／予定納税額201,200／青色申告特別控除額650,000

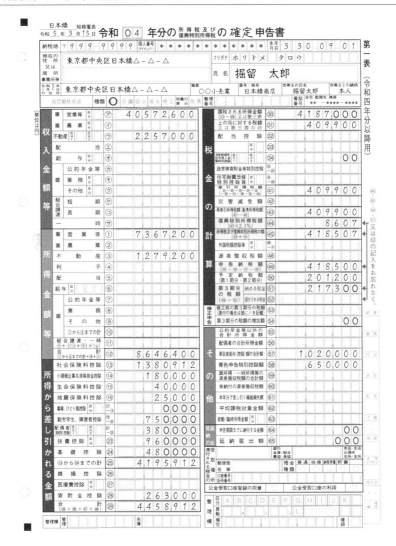

設例（単位：円）

下記の事項を前提とした申告書の記載事例は，以下のとおりです。
・国民健康保険保険料801,582／国民年金掛金430,330／介護保険料149,000／小規模企業共済
　等掛金180,000／新生命保険料204,000／地震保険料25,000
・同居特別障害者（堀留明子）／一般の扶養控除（堀留明子）／同居老親等（堀留トメ）
・××市等への寄附金（ふるさと納税：265,000）

3 法人税の詳細

1 法人税の概要と特色

(1) 法人税の概要

　法人税は，法人の事業活動によって生じた利益（所得）に対して課される税であり，広い意味の所得税の一種といえます。我が国では，個人の所得に対して課される税を所得税，法人の所得に対して課される税を法人税と法定されています。

　法人税の額は，法人税法の定めるところにより一定の申告調整をして算出された各会計期間等の所得金額（これを「課税所得」又は「課税標準」といいます）に一定の税率を乗じて計算されます。

　この法人税の額の算出等の仕組みは，次図のとおりです。

【図表】　法人税の基本的な仕組み

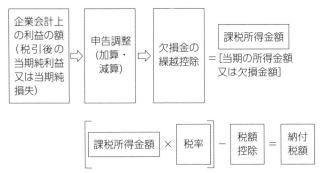

　なお，法人税の納税義務者となる法人には各種の法人があり，その法人の種類によって課税所得の範囲（後記2を参照）も異なっています。

　また，法人税の納税義務者となる法人の性格に関する考え方としては，理論的には，法人実在説と法人擬制説の2つの考え方がありますが，法人税法は法人擬制説を採用しています。この考え方によれば，法人から行われる配当の原

資となる利益に対して法人税を課し，株主である個人の受領する配当（利益）に対しても所得税を課すことは二重課税と位置付けられます。

（参考） 法人実在説と法人擬制説

法人実在説とは，法人を自然人である個人と並んで独立した納税者であるとする考え方であり，法人擬制説とは，法人は個人（株主）の集合体であり，独立した納税者ではなく，法人の所得に対する課税は個人の所得税の前取りであるとする考え方です。第二次世界大戦後のシャウプ勧告において採用された法人擬制説という基本的な法人観（考え方）は，現在においても踏襲されています。

そのため，法人税法上は「受取配当等の益金不算入制度」（後記2(2)⑥を参照），所得税法上は「配当控除制度（税額控除制度）」（前記①の3(4)③を参照）という法人と個人との間における二重課税の排除措置が設けられています。

(2) 法人税法の特色（所得税法との対比）

法人税法は，所得税法と比べて次のような特色があります。

項　　目	内　　　　　　　容
所得の計算方法	所得の計算に関して，所得税法では，所得をその所得の発生源泉により10種類に区分し，その区分された所得の種類ごとにそれぞれ算出方法を規定しているのに対し，法人税法では，このような所得の種類に応じた区分をせず，法人の得た利益を一律に合算して法人の所得としています。 　また，その所得の算出方法も必要な事項のすべてを税法で規定するのではなく，会社法の規定や一般に公正妥当と認められる会計処理の基準によって計算された企業利益を前提とするなど，相当部分を適正な企業会計の慣行の処理方法に委ねています。
所得の計算期間	所得の計算期間について，所得税法は暦年を基準としているのに対し，法人税法は法人が定款等によって定めた会計期間等を基準としています。 （注）　法人は，一定の期間ごとに決算を行って損益を確定させていますが，法人税法では，このような会計期間又は会計年度がその法人の定款等や法令で定められているときは，原則としてこれを「事業年度」と称して，その期間ごとに課税所得を計算することとしています。
税率	税率について，所得税は超過累進税率を採用しているのに対し，法人税は単一税率を採用しています。

2　課税所得の計算

(1)　納税義務者及び課税所得（課税物件）の範囲

　法人税の納税義務者となる法人について，法人税法は，まず，本店又は主たる事務所の所在地によって，「内国法人（国内に本店又は主たる事務所を有する法人）」と「外国法人（内国法人以外の法人）」に区分しています。次に，会社法，民法等の種々の法律によって設立されたこれらの法人を公共・公益性，法人格の有無等も勘案して，「公共法人」，「公益法人等」，「協同組合等」，「人格のない社団等」及び「普通法人」に区分しています。

　区分された各内国法人の具体的な課税所得の範囲については，法人の種類ごとに異なっており，その範囲は，次表のようになっています（法人税法２条〜９条，租税特別措置法68条の５，等）。なお，外国法人については，後記(4)を参照。

法人税の区分 ／ 法人(※1)の種類	各事業年度の所得に対する法人税	法人課税信託の各計算期間の所得に対する法人税	退職年金等積立金に対する法人税(※3)
公共法人（別表一）	納税義務なし（法人税は非課税）		
公益法人等（別表二）	収益事業(※2)から生じた所得に対してのみ課税	法人課税信託の受託者である法人又は個人に対して課税	退職年金業務等を行う法人（信託会社等）に対して課税
人格のない社団等			
協同組合等（別表三）	すべての所得に対して課税(※4)		
普通法人			

（※1）　法人とは，基本的には，法律によって法人格を付与され，権利義務の主体たる資格（権利能力）を認められた自然人以外の存在をいい，我が国では，法人法定主義（民法33条《法人の成立等》，34条《法人の能力》）をとっているため〔例：会社法３条「会社は，法人とする。」，地方自治法第２条「地方公共団体は，法人とする。」〕，法人税法における法人の主な種類とその根拠法も，次頁のようになっています。ただし，「人格のない社団等」は，法人税法上，法人とみなして同法の規定を適用することとされています。

法　人	根　拠　法
株式会社・合名会社・合資会社・合同会社	会社法3条《法人格》
一般社団法人・一般財団法人	一般社団法人及び一般財団法人に関する法律3条《法人格》
公益社団法人・公益財団法人	公益社団法人及び公益財団法人の認定等に関する法律2条《定義》
宗教法人	宗教法人法4条《法人格》
事業協同組合・事業協同小組合・信用協同組合・協同組合連合会・企業組合	中小企業等協同組合法4条《人格及び住所》
協業組合・商工組合・商工組合連合会	中小企業団体の組織に関する法律5条の3《人格及び住所》，6条《人格及び住所》
信用金庫・信用金庫連合会	信用金庫法2条《人格》

また，それぞれの区分に属するものを例示すれば，次のとおりです。

法人の区分	法　人　の　例　示
公共法人（別表一に掲げる法人）	国立大学法人，地方公共団体，地方住宅供給公社，地方道路公社，土地開発公社，日本中央競馬会，日本年金機構，日本放送協会など
公益法人等（別表二に掲げる法人）	学校法人，健康保険組合，公益財団法人，公益社団法人，国民年金基金，社会福祉法人，宗教法人，商工会議所，信用保証協会，日本赤十字社，預金保険機構など
協同組合等（別表三に掲げる法人）	漁業協同組合，消費生活協同組合，信用金庫，森林組合，農業協同組合，農林中央金庫，労働金庫など
人格のない社団等	法人でない社団又は財団で，代表者又は管理人の定めのあるもの（PTA，同窓会，同業者団体など）
普通法人	株式会社，合同会社，企業組合など

（※2）　収益事業とは，法人税法施行令5条《収益事業の範囲》に列挙されている物品販売業，金銭貸付業等の34の事業で，継続して事業場を設けて営まれるものをいいます。

（※3）　退職年金等積立金に対する法人税は，1999年（平成11年）4月1日から2026年（令和8年）3月31日までの間に開始する事業年度について，課税が停止されています。

（※4）　非課税法人である公共法人以外の法人に対する法人税の税率は，原則23.2%の一定税率です。ただし，法人の種類と課税所得金額の階層区分等に応じて，15%，19%又は22%の軽減税率（優遇税率）が一部認められています（法人税法66条，租税特別措置法42条の3の2，67条の2，68条：詳細は103頁の「各事業年度の所得に対する法人税の税率」を参照）。

(2)　課税標準の計算等

①　課税標準の計算の概要

　法人税法では，法人の事業活動によって得た各事業年度の所得の金額を課税標準（対象）とし，株主が払い込んだ資本金等によって法人の正味資産が増えた部分に対しては課税しないこととしています（法人税法21条，22条，22条の2，等）。

イ　各事業年度の所得金額の計算等

　課税標準である各事業年度の所得金額の計算上，基幹となる用語の意義等は，次表のとおりです。

項　目	内　　　　　容
各事業年度の所得の金額	法人税の課税標準である各事業年度の所得の金額は，法人税法22条1項《各事業年度の所得の金額の計算》において「当該事業年度」の「益金の額」から「損金の額」を控除した金額とすると規定しています。 　この場合の益金の額は，企業会計上の売上高や販売高等の収益の額に相当するものであり，損金の額は，企業会計上の売上原価，販売費，一般管理費等の費用及び損失の額に相当するものです。
益金の額に算入すべき金額	益金の額に算入すべき金額とは，法人税法の規定や他の法令で別段の定めを置いているもの（「益金の額に算入する」又は「益金の額に算入しない」と定められているもの）を除いて，その事業年度における取引によって生じる次の収入高等の収益の額で資本等取引（80頁の「資本等取引」を参照）以外のもののすべてが含まれます。 　イ　商品，製品等の販売による収益の額 　ロ　固定資産，有価証券等の譲渡による収益の額 　ハ　請負等の役務の提供による収益の額 　ニ　無償による資産の譲渡や無償による役務の提供による収益の額 　ホ　無償による資産の譲り受けによる収益の額 　ヘ　その他の取引（資本等取引を除きます）による収益の額 （注）　収益という用語は，企業会計でも広く使われていますが，法人税法上の収益には資産の贈与や低廉譲渡等により生ずる経済的利益等も含まれているので，企業会計上の収益と同一のものではなく，その範囲を若干異にしていることに注意を要します。 　なお，企業会計における国際財務報告基準（IFRS）に沿った国内の新たな収益認識基準の採用を踏まえ，税務上もこの基準と同様の取扱いを認める旨を明らかにするとともに，「収益の計上時期の原則」，「決算における収益の計上時期の特例」，「申告における収益の計上時期の特例」，「収益の計上金額」等に関する規程の整備も行われています。
損金の額に算入すべき金額	益金の額に対応する損金の額は，法人税法の規定や他の法令で別段の定めを置いているもの（「損金の額に算入する」又は「損金の額に算入しない」と定められているもの）を除いて，次の原価，期間費用及び損失の3種類のものであるとしています。

イ　収益に対応する売上原価，完成工事原価等の原価の額

ロ　販売費，一般管理費等の費用（償却費を含みます）の額

ハ　損失の額（資本等取引を除きます）

　イの売上原価等とは，商品の売上高に対応する売上原価や譲渡した資産の原価等のことです。売上原価については，その事業年度の収益としたものに対応する原価を計上する「費用収益対応の原則」が特に重視されています。したがって，収益に対応する原価について事業年度末までに確定しないものがある場合には，その金額を適正に見積もって損金の額に算入する必要があります。

　ロの販売費，一般管理費の費用，支払利息等の営業外の費用は，収益と個別対応で計算することが困難な費用，いわゆる「期間費用」とされるものです。これらの費用については，償却費を除いて，その費用が事業年度末までに債務として確定していることが必要です（一般に，これを「債務確定主義」と呼んでいます）。

　したがって，法人が将来発生することが見込まれる費用を任意に見積もって計上しても，法人税法で認められている特定の引当金等（後記⑦を参照）以外は損金の額に算入できないことになります。

　ハの災害，盗難等の偶発的な原因による損失は，収益との対応や期間対応になじまないものであり，その事実が発生したときの事業年度の損金の額となります。

資本等取引	資本等取引とは，法人の資本金等の額を増加あるいは減少させる取引（例えば，増資，減資，合併等）の他，法人が行う利益又は剰余金の分配及び残余財産の分配又は引渡しのことをいいます。これらの取引によって法人の正味資産に増減が生じても，法人税法ではその増減を益金の額又は損金の額に関係させないとしています。 　この趣旨は，法人の利益は損益取引から生ずるものとして算出し，資本の増減によって生ずるものは加味しないと考えているからです。
法人税法上の利益積立金額	企業会計における利益剰余金に相当するものを法人税法においては利益積立金額といいます。企業会計上の利益剰余金は，損益取引から生じた利益の留保額を意味しますが，法人税法上の利益積立金額は，これとは異なり，各事業年度の法人税法上の課税所得の金額のうちで留保されたものの累計額をいうとされています。 　この留保されたものとは，各事業年度の所得の金額が法人の内部に何らかの形で純資産として残っているということを意味しますから，株主資本等変動計算書による剰余金の処分によって留保された企業会計上の利益準備金な

どの他，税務上の費用の否認額で内部に留保したことになる金額がすべて含まれることとなり，企業会計上の利益剰余金よりもその概念の範囲は広くなっています。

　例えば，減価償却資産の償却超過額は，法人の計算ではその資産の帳簿価額の減額が行われていますが，税務計算上は減額されなかったものとみなされ，それだけ純資産として残っているとして税務上の利益積立金額を構成することになります。また，引当金の繰入限度超過額，準備金の積立限度超過額も負債勘定の過大計上という意味で税務上の利益積立金額となります。この他，未収収益の計上漏れなどの収益や費用の税務上の否認額で内部に留保されているとみなされる金額も税務上の利益積立金額となります。

　一方，その事業年度の法人税及び住民税（都道府県民税及び市町村民税）として納付すべき金額などは，費用の否認額（後記⑦を参照）となりますが，社外に流出する又はしているものとして，税務上の利益積立金額を構成する要素にはならないとされています。

　これらの法人税法上の利益積立金額は，特定同族会社の留保金課税の計算（後記3(2)を参照）の基礎となるなど，所得金額の計算以外の分野でも重要な意義を持つものとなっています。

ロ　一般に公正妥当と認められる会計処理の基準

　法人税法は，法人の各事業年度の所得の金額の計算に関して，別段の定めによって税法独自の計算方法等を定めているもののほかは，法人が継続して「一般に公正妥当と認められる会計処理の基準」に従った会計処理をしていれば，その会計処理を認めることとしています。

　ここでいう，一般に公正妥当と認められる会計処理の基準とは，客観的，常識的にみて規範性があり，公正で妥当と認められる会計処理の基準という意味であり，具体的な明文による個別的な基準があることを意味しているわけではありません。したがって，この基準は「企業会計原則」のみを意味するのではなく，また，会計処理の実務の中でただ単に慣習として一般に行われているというだけでも足りず，客観的な規範にまで高められた基準を意味するということです。

② 企業会計上の利益と法人税法上の所得金額

　法人税法上の所得金額は，基本的には企業会計上の利益の額に相当するもの
です。しかしながら，企業会計上の利益は，主として企業の財政状態及び経営
成績を認識し，配当可能の財源を表示する等の目的で計算されるのに対し，法
人税法上の所得は，課税の公平，適正な税負担のための調整等をも考慮し，さ
らに産業政策上の目的等による調整も取り入れて計算することとされています。
このため，両者の間には，次図のように，その目的の違いに応じて必然的に差
異が生じることとなります。

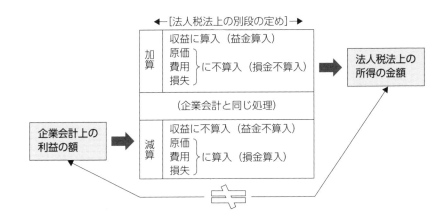

　つまり，企業会計上の収益であっても法人税法上は益金とはしないもの，費
用であっても損金とはしないものがあり，逆に，企業会計上の収益としないも
のであっても法人税法上は益金とするもの，費用としないものであっても損金
とするものがあるということです。

　企業会計上の利益の額に，この取扱い（「別段の定め」）による調整を加えた
ものが，法人税法上の所得の金額となります。

（参考）　利益の額と所得の金額の調整

　　　企業会計上の利益の額と法人税法上の所得の金額との具体的な調整方法につ
　　　いては，後記の「税務調整」，「申告書別表四の機能」及び「申告書別表五（一）
　　　の機能」を参照。

③　税務調整

　前記②の「加算」又は「減算」の処理をすることを税務調整といいます。この税務調整の基幹となる用語には，次のものがあります。

項　目	内　　　容	
損金経理	法人の決算は，会社法等の規定に基づき作成した貸借対照表や損益計算書などの計算書類を株主総会等に提出し，その承認を得ること等によって確定しますが，税務調整事項の中には，この確定した決算を重視し，益金や損金に算入するかどうかについて法人の意思に任せている事項があります。 　そのため，この法人の意思を明らかにさせるため，確定した決算において，あらかじめ費用や損失として経理（計上）することを条件として法人税法上の損金の額に算入するという規定があります。このような経理処理をすることを「損金経理」といっています。	
税務調整事項の区分	税務調整は，以下のように，確定した決算で法人税法に定められた経理が要求される，いわゆる「決算調整事項」と，確定した決算における経理を必要とせず，申告書上で調整を求める，いわゆる「申告調整事項」とに区分することができます。	
	決算調整事項	決算調整事項とは，法人が決算に織り込むかどうかは任意ですが，損金算入等の適用を受けるためには，法人の確定した決算で損金経理等の処理をする必要があり，申告書の上だけで調整することは認められないものをいいます。 　例えば，減価償却費は，法人税法上，企業が自ら投下した資産（資本）の適正な費用化額を原価，経費等として計上するものであるとされます。このため，企業が相当な償却費（費用）として経理処理をした金額のみを基礎として税務上の損金算入額の認定を行うこととしており，所得税法のように，国税当局が適正金額の査定をして企業が減価償却費として計上していない部分まで踏み込んで損金算入を認めることはしていません。
	申告調整事項	申告調整事項とは，申告書の上だけで調整する事項であり，任意の申告調整事項と必須の申告調整事項とがあります。 ●　任意の申告調整事項 　　法人が自ら申告書で調整を行った場合にのみ適用される事項です（法人税法23条，等）。 ●　必須の申告調整事項 　　法人の申告調整の有無に関係なく，税務上当然に益金不算入，損金不算入等の申告調整の計算を行い，企業利益の修正を行う事項です（法人税法25条，等）。

なお，主な税務調整事項には，次のものがあります。

【参考】 主な税務調整事項の一覧

決算調整		・減価償却資産の償却費 ・圧縮記帳の圧縮損 ・引当金の繰入額 ・準備金の積立額
申告調整	任意の調整事項	・内国法人から受ける配当等の益金不算入 ・外国法人から受ける配当等の益金不算入 ・税額控除を受けるための所得税額の損金不算入
	必須の調整事項	・資産の評価益の益金不算入 ・法人税額等の還付金等の益金不算入 ・資産の評価損の損金不算入 ・役員給与の損金不算入 ・過大な使用人給与の損金不算入 ・寄附金の損金不算入 ・法人税額等の損金不算入 ・不正行為等に係る費用等の損金不算入 ・青色申告の繰越欠損金の控除 ・減価償却費の償却超過額，引当金の繰入限度超過額，準備金の積立限度超過額等の損金不算入 ・交際費等の損金不算入

④　申告書別表四の機能

　法人の企業利益と法人税法上の各事業年度の所得の金額が一致しないことは，前記②③で説明したとおりです。この一致しない点を調整し，企業利益から誘導的に法人税法上の所得金額を算出するための明細書が申告書別表四「所得の金額の計算に関する明細書」です。申告書別表四は，税務上の損益計算書としての機能を有しているものといえます。

　なお，このほか，申告書別表四の有している機能には，次のようなものがあります。

> ⅰ）所得金額の算出機能（確定した決算に基づく利益又は損失を基礎にして，法人税法上の所得金額を算出する機能）
>
> ⅱ）特定同族会社の留保金課税の計算基礎としての留保金額の算出機能（所得金額のうち社内に留保された金額を算出し，特定同族会社の留保金課税の対象となる留保所得金額を算出する機能（後記3⑵を参照））
>
> ⅲ）当期分の利益積立金額の算出機能（申告調整の金額について，その処分（留保又は社外流出）の区分けを行い，その事業年度に発生した所得の留保部分である利益積立金額を算出するための振替仕訳的な機能。これにより，すでに課税済みとなっている繰越利益額等を区分管理し，事後の課税対象外となることを明確にして期間をまたぐ二重課税の発生も防止します。）

⑤　申告書別表五（一）の機能

　法人の企業利益と法人税法上の所得の金額が一致しないことなどから企業会計上の利益剰余金と法人税法上の利益積立金額にも差異が生じます。

　そこで，法人の決算上の貸借対照表に表われていないものを含む税務上の資産，負債，資本，等の明細（利益積立金額及び資本金等の額の内容とその異動状況）を示すものが申告書別表五（一）「利益積立金額及び資本金等の額の計算に関する明細書」です。その意味において，申告書別表五（一）は，別表四の損益修正について貸借勘定との因果関係を明確にする税務上の貸借対照表としての機能を有しているといえます。

　また，法人税等は，法人税法上損金性を否認され税務上の所得を構成するものではありますが，社外に流出していくものであるため，利益積立金額を構成するものとはされていません。そのため，別表五（一）の下段の「未納法人税等」の欄では，利益積立金額の控除項目としての租税公課等の内訳も明示しています。

■申告書別表四の仕組み

当期中に支払の効力の生じる剰余金の配当等の額を記載する

企業会計の損益計算書の当期利益の額又は当期損失の額を記載する

益金算入又は損金不算入の税務調整を記載する

益金不算入又は損金算入の税務調整を記載する

「総額①」のうち，社外流出を伴わない資産性又は負債性を有するもの（翌期以降において損金算入又は益金算入となるもの）を記載する

「総額①」のうち，社外流出を伴うものを記載する

当期の所得金額又は欠損金額(計算結果)

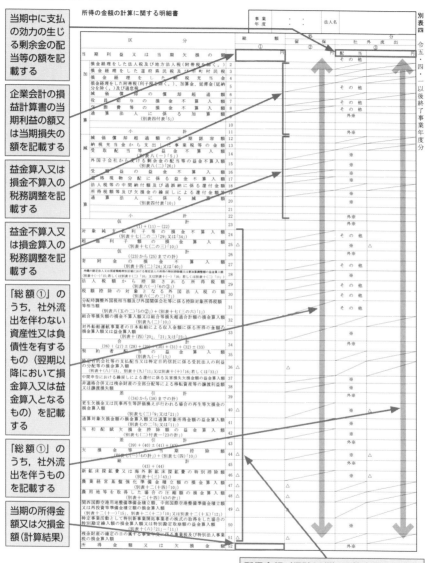

所得金額（仮計23欄）の算出後にさらに税務調整をする加算減算項目，税額控除の対象となる所得税額又は外国税額，繰越欠損金等の当期控除額などを記載する

■申告書別表五（一）の仕組み

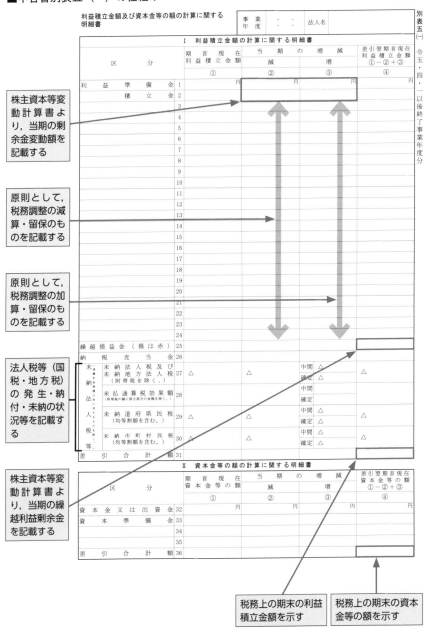

■申告書別表四と別表五（一）との関係
（貸倒引当金繰入限度超過額567,890円が発生している場合の例）

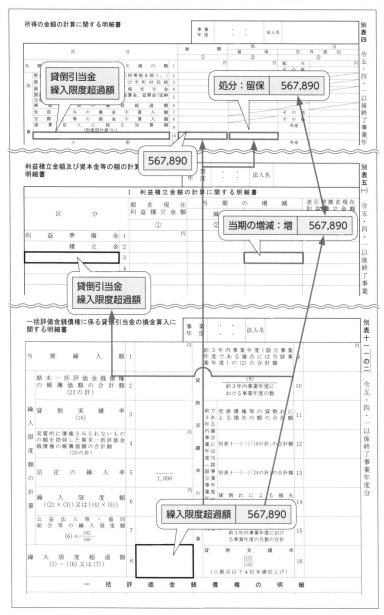

⑥　益金の額の別段の定め

　法人税法22条2項では，各事業年度の所得の金額の計算上，益金の額に算入すべき金額は，「別段の定めがあるものを除き，資産の販売，有償又は無償による資産の譲渡又は役務の提供，無償による資産の譲受けその他の取引で資本等取引以外のものに係る当該事業年度の収益の額とする」と規定していますが，この別段の定めの主要なものとしては，例えば次のものがあります（前記した収益認識基準に関するものを除きます）。

項　目	内　　容　　等
受取配当等の益金不算入	内国法人が他の内国法人から配当等を受けた場合には，その受取配当等は企業会計上では当然収益として計上されますが，法人税法上は，その20％，50％又は100％相当額を益金の額に算入しないこととしています（法人税法23条）。 　法人の所得に対する法人税の課税と，法人から配当を受けた個人株主に対する所得税の課税との関係は，前述（1(1)を参照）のとおりであり，基本的には，法人税は所得税の前払いとする法人擬制説の考え方が採られています。 　したがって，所得税法上，法人の段階で納付した法人税に相当する金額を，その配当を受けた個人が納付する所得税額から控除するという仕組みとなっています（配当控除：所得税法92条）。 　この場合，内国法人とその究極の株主である個人との中間段階に，他の法人（複数の場合を含みます）が株主として存在するときは，その中間段階にある法人が受け取る配当金にそのまま課税すると，最終的に個人段階で納付する所得税額から控除することとなる法人税相当額を，中間段階で法人税が課税された回数に対応して算出しなければならないことになります。しかしながら，そのような計算は情報の入手面，技術面で不可能であることから，株主である法人が受け取った配当金については益金の額に算入しないこととして，この問題の解決を図っています。
資産の評価益の益金不算入	法人の有する資産の時価が帳簿価額を上回った場合に，評価換えをしてその帳簿価額を増額したときには，評価益が発生します。 　会社法や企業会計原則では，時価会計の適用を受ける場合を除き，資産の帳簿価額は原則としてこれを取得するために要した金額を基礎とする，いわゆる「取得原価主義」が採られています。法人税法上も評価換えに基づく課税所得の恣意的調整等が行われる点を考慮し，法人が資産の評価換えによる評価益を計上しても，法人税法上は原則として評価換えがなかったものとし，その評価益は益金不算入としています（法人税法25条）。

| 還付金等の益金不算入 | 法人税や地方税である住民税（都道府県民税，市町村民税）は，課税所得金額の計算上損金の額に算入されません（後記⑦を参照）。一方で，損金の額に算入されない法人税等が過誤納等により後に還付された場合には，その還付金の受入れによる収益は益金の額に算入しないこととしています（法人税法26条）。納付したとき損金とならなかった法人税等の還付金を益金として所得の計算を行えば，二重課税となるからです。 |

⑦　損金の額の別段の定め

　法人税法22条3項では，各事業年度の所得の金額の計算上，損金の額に算入すべき金額は，「別段の定めがあるものを除き，その事業年度の売上原価（同項第1号），販売費，一般管理費その他の費用（同項第2号）及び損失（同項第3号）の額である」としていますが，別段の定めのうち課税実務上適用事例の多いものには，次のものがあります。

項　目	内　容
減価償却費	法人税法では，原則として，企業会計で一般的に認められている減価償却費を損金の額に算入することを認めています。しかしながら，減価償却費の算出計算のすべてを法人の自主的な判断に任せた場合には，法人の恣意性の排除や法人間の税負担の公平等が確保できないこととなります。 　そこで，法人税法では，減価償却資産の取得日（事業供与日）及び法人が選択等をした償却方法を基礎とした上で，減価償却費の計算基礎である(a)取得価額，(b)耐用年数（使用可能期間），(c)償却方法，等の基本的事項を税法の中で規定し，法定の範囲内での減価償却費の損金算入を認めることとしています（法人税法31条）。 （注）1　減価償却費の額とは，固定資産が時の経過及び使用により物理的に劣化し又は経済的に減価するという点に着目して，その資産の取得価額を一定の方法により使用可能期間の各事業年度で継続して費用化（配分）していく金額等をいいます。 　　　2　損金算入を認める額については，租税特別措置法等によって，少額減価償却資産の即時償却制度，特別償却制度，割増償却制度などの種々の特例（優遇措置）が定められています（法人税法施行令133条，租税特別措置法42条の5，等）。
役員等の給与	法人が支払う給与は，使用人に対して支払うものと，役員に対して支払うものとに大別され，企業会計上費用となるものであっても，法人税法上はその取扱いに差異があります。 　使用人に対する給与（給料・賞与・退職給与）は，法人と使用人との雇用契約（民法623条《雇用》）に基づいて，労務の対価として支払われるものですから，①役員の親族等に対して支給する過大な使用人給与の損金

不算入（法人税法36条），②使用人賞与の損金算入時期の例外（法人税法施行令72条の3）を除き，法人税法上も原則としてその全額が損金の額に算入されます。

　これに対して，役員に対する給与は，役員が会社の委任（会社法330条《株式会社と役員等との関係》）を受けてその法人の経営に従事する者で，法人の得た利益の分配に関与する地位にある者ともいえることから，職務執行の対価として相当とされる金額を超える部分は損金の額に算入しないこととしています。

　具体的には，法人がその役員に対して支給する給与（業績連動以外の退職給与及び使用人兼務役員の使用人分給与を除きます）のうち，次表に掲げる給与のいずれにも該当しないものは，損金の額に算入しないこととされています（法人税法34条）。

　また，不相当に高額な部分の金額及び事実を隠蔽又は仮装して経理することにより役員に支給する給与も損金の額に算入しないこととされています。

定期同額給与	支給時期が1か月以下の一定の期間ごとであり，かつ，各支給時期における支給額が同額である給与，その他これに準ずる給与
事前確定届出給与	その役員の職務に基づき所定の時期に確定した額の金銭，確定した数の株式などを支給する旨等の定めにより支給する給与で，年俸，ストックオプションなどの一部のものを除き，納税地の所轄税務署長にその定めの内容に関する届出をしているもの
業績連動給与	同族会社に該当しない法人等が業務を執行する役員に対して支給する業績連動型給与で，算定方法が利益，株価又は売上高の状況を示す指標を基礎とした客観的なもの等の一定の要件を満たすもの

交際費等	法人が支出する交際費等は，販売活動等のために支出し，その使途が明らかである限り，企業会計上その全額が費用となるべきものです。しかしながら，法人が支出した交際費等について，これを損金として認めないことによって，その支出を抑制して冗費の節約を図る，その支出による不公正な取引等の発生防止を図る，等といった政策上の観点から，租税特別措置法において交際費等の損金不算入を規定しています（租税特別措置法61条の4）。 　具体的には，原則として，法人の支出する交際費等（一人当たり5,000円以下の少額な社外飲食費を除くほか，資本金の額等が100億円以下の法人は社内飲食費以外の接待交際費の50％を除きます）の額は，損金の額に算入しないと規定されています。

　ただし，中小法人は，社内飲食費以外の接待飲食費の50％を超える部分と800万円の定額控除限度額を超える部分とのいずれかで損金不算入を選択することができます。

■交際費損金不算入制度の概要

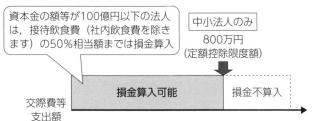

| 寄附金 | 　寄附金は，その性質上，直接的な反対給付を求めない支出であるため，事業活動に必要なものであるかどうかの判定が極めて困難のものといえます。そのため，このような寄附金を無制限に損金として認めた場合には，本来課税されるべき所得又は納付すべき税額が寄附を通じて減少し，結果的に国が法人に代わって寄附をしたことと同じになるという弊害が生じます。一方，事業の円滑な実施や企業による社会貢献等のための支出としての損金性を認めるべきとする考え方もあります。 |
| | 　このようなことから，部分的な損金性を擬制するとともに，行政的便宜と課税の公平の観点から，寄附金の性質に応じた一定の損金算入限度額（一般的な寄附金の場合は「所得基準額（所得金額の2.5％）と資本基準額（資本金等の額の0.25％）との合計額の4分の1」：（詳細は下表を参照）を設けてそれを超える部分の金額については損金の額に算入しないこととしています（法人税法37条）。 |

■寄附金の損金算入限度額等の概要

寄附金の種類	損金算入限度額等
国，県，市町村等への寄附金	全額が損金算入
一般の寄附金	（所得基準額＋資本基準額）×1／4
特定増進法人等への寄附金	（所得基準額＋資本基準額）×1／2
国外関連者への寄附金	なし（全額損金不算入）
完全支配関係法人への寄附金	なし（全額損金不算入）

| 租税公課，不正行為等に係る費用等 | 　租税公課，不正行為に係る費用等は，企業会計上は費用として経理されることが一般的ですが，法人税法上は，損金にできるものとできないものとに区分しています。 |
| | 　損金にできない租税公課，不正行為に係る費用等には，次のようなものがあります（法人税法38条，40条，55条）。 |

	① 法人税，地方法人税，都道府県民税，市町村民税 　法人税，地方法人税及び住民税を損金として認めないのは，これらの税は，本来，課税対象となる税引前の所得の中から支払われることを前提としているものであるからであり，また，仮にこれを損金として認めると，法人の所得金額そのものが逓減的に変化しその算定が複雑化することにもなるからです。 ② 国税の附帯税（利子税を除きます），印紙税の過怠税，地方税の延滞金等 　これらは，法律どおりに申告や納税をしなかったことに対して課される一種の行政上の制裁といえるものです。これを損金として扱えば，対応して減少する税額に相当する部分の制裁効果を減殺させる結果となるため，損金として認めないということです。 ③ 脱税経費，賄賂，罰金，科料，過料，課徴金等 　これらは，社会秩序維持のために費用として認められないものであり，②と同様の理由により損金として認めていません。 ④ 仮装隠蔽所得に係る簿外経費等で帳簿書類上その存在が不明であるもの等 　悪質納税者が当初に収入等と共に隠蔽等をしていた費用等の額の事後的な損金算入を制限するという理由から，損金として認めていません。 ⑤ 法人税額から控除する所得税額 　利子，配当などについて源泉徴収された所得税を法人税額から控除する場合には，その控除する所得税額は，算出される法人税額の前払金として処理するため，その費用性を認めず損金としていません（ただし，別途，税額控除が認められます）。
資産の評価損	法人が所有する資産の時価が帳簿価額を下回った場合に，その資産の評価換えをして帳簿価額を減額すれば，その減額した部分について資産の評価損が発生します。 　会社法及び企業会計では，時価会計・減損会計の適用という観点，株主・債権者・利害関係人の保護を目的とする保守主義の観点等から，未実現の損失（評価損）を積極的に認識し，これを企業利益に反映させることとしています。これに対し法人税法は，特殊な時価評価の認容の場合を除き，あくまで取得原価主義の適用を原則としています。 　これは，資産の評価換えに基づく課税所得の恣意的調整の防止等を考慮する立場によるものであり，法人の所有する資産が災害による著しい損傷その他特別の事実が生じた場合などのほかは，原則として資産の評価損は損金の額に算入しないとしています（法人税法33条）。

引当金及び準備金	法人税法では，販売費，一般管理費，その他の営業外費用は，償却費を除いて，その認識を債務確定主義によることとしています。しかしながら，別段の定めによって，特定の将来発生する費用等については，その発生に備えて，引当金又は準備金として一定限度内の繰入額を損金の額に算入することを認めています（法人税法52条，租税特別措置法55条，等）。その代表的なものが，貸倒引当金です。 　貸倒引当金については，売掛金等について将来発生することが予測される貸倒れの損失見込額につき，一定の繰入限度額に達するまでの金額を損金経理により繰り入れた場合に，その損金算入が認められます。 （注）　2012年（平成24年）4月1日以後開始する事業年度については，貸倒引当金繰入額の損金算入ができる法人は，原則として，中小法人，銀行，保険会社等及び一定の金銭債権を有する法人に限られています。
繰越欠損金	各事業年度の所得金額の計算は，事業年度ごとに区切って行うものであるため，前期以前に生じた欠損金を当期の損金の額とすることは認められないというのが税法の基本的な考え方となっていますが，その例外として，法人税法上は欠損金の繰越控除制度を設けています。 　これは，法人はその性格上継続して事業を営むのが基本といえますから，ある事業年度の欠損金をその後の事業年度の利益金額と通算せずに，利益の生じた事業年度についてだけ課税をするという原則を貫くと企業経営上税負担が過重になるのは当然のことといえます。 　このようなことを考慮し，「青色申告事業年度の欠損金」や「災害損失部分の欠損金」などの一定の欠損金については，欠損金の繰越控除制度が設けられています。 　これらの制度は，前9年間又は前10年間に生じた欠損金がある場合に，原則として当期の所得金額の60%，55％又は50％（中小法人等は100％）に相当する金額を当期の所得金額から控除することを可能とするというものです（法人税法57条，58条）。

(3) 組織再編成

　企業の組織再編成（合併，分割，株式交換，株式併合，株式移転，等）が行われた場合の課税関係（課税の繰延べ，取得価額の引継ぎ等）の概要は，次のとおりです（法人税法62条の2，等）。

① 組織再編成の当事者である法人の課税関係の取扱い

　資産が移転する際には，その移転資産の譲渡損益に課税するのが原則ですが，次表の適格要件を満たす組織再編成で，合併法人等の株式のみの交付等をする場合には，譲渡損益等の認識をせず，取得価額の引継ぎ等を行って，その課税が繰り延べられます。

	企業グループ内の組織再編成	共同事業のための組織再編成
適格要件	イ　100%の持株関係の法人間で行う組織再編成 　　100%の持株関係の継続 ロ　50%超の持株関係の法人間で行う組織再編成 　a）50%超関係の継続 　b）主要な資産・負債の移転 　c）移転事業従業員の概ね80%が移転事業従事等 　d）移転事業の継続等	イ　事業の関連性があること ロ　事業規模が概ね5倍以内又は特定役員への就任等 ハ　左のロのb）～d） ニ　移転対価である株式の継続保有 ホ　完全親子関係の継続（株式交換・株式移転のみ）

② 法人株主の課税の取扱い

　株主が，合併法人等の株式のみの交付等を受けた場には，上記①と同様に旧株の譲渡損益を認識せず，旧株の取得価額による引継ぎ等を行って，課税が繰り延べられます。

⑷　国際課税

　現在，我が国には多くの外国人が居住し，多くの外国企業が国内で事業活動を行っています。反面，多くの日本人が国外で就業し，日本企業も国外で広範な事業展開をしています。このような国際的な経済活動に対して，国際的二重課税の排除，国際的租税回避への対応等にも配慮して設けられている独特な課税制度を国際課税といいます。

　この国際課税に関する事項の主なものは，次のとおりです。

①　内国法人と外国法人の課税区分

　法人税の納税義務者は，内国法人と外国法人に区分されますが，課税所得の範囲は，次表のとおりです。外国法人は，その態様に応じて各事業年度の所得に対する法人税等が後記②のように課税されることになっています（法人税法4条，等）。

区　分	課　税　所　得　の　範　囲
内国法人	すべての所得（全世界所得） 　ただし，外国子会社配当益金不算入制度の適用を受ける配当については，その95％相当額を益金不算入（国外所得の免税）
外国法人	国内源泉所得のみ

②　外国法人に対する課税方式等

　外国法人は，国内源泉所得に対して次頁表のように納税義務を負います。

【図表】 外国法人に対する国内源泉所得の課税方式等

外国法人の区分 国内源泉所得(※1)	国内に恒久的施設 （PE）を有する法人 PE に帰属 する所得	PE に帰属 しない所得	PE を有し ない法人	源泉 徴収
① 事業所得				無
② 国内にある資産の運用・保有による所得 （下記⑦～⑭を除く）				無
③ 国内にある資産の譲渡　a 国内にある不動産の譲渡 b 国内にある不動産の上に存する権利等の譲渡			【法人税】	無(※2)
c 国内にある山林の伐採又は譲渡 d 買集めた内国法人株式の譲渡 e 事業譲渡類似株式の譲渡 f 不動産関連法人株式の譲渡 g 国内のゴルフ場の所有・経営に係る法人の株式の譲渡等	PE に帰せられるべき所得 【法人税】			無
④ 人的役務の提供事業の対価				20.42%
⑤ 国内不動産の賃貸料等				20.42%
⑥ その他の国内源泉所得				無
⑦ 債券利子等				15.315%
⑧ 配当等				20.42%
⑨ 貸付金利子				20.42%
⑩ 使用料等				20.42%
⑪ 事業の広告宣伝のための賞金		【源泉徴収のみ】		20.42%
⑫ 生命保険契約に基づく年金等				20.42%
⑬ 定期積金の給付補塡金等				15.315%
⑭ 匿名組合契約等に基づく利益の分配				20.42%

（※1） ⑦から⑭の国内源泉所得の区分は，所得税法上のものであり，法人税法には，これらの国内源泉所得の区分は設けられていません。

（※2） 土地の譲渡対価に対しては10.21％の源泉徴収。

なお，外国法人は，課税上，ⅰ）支店等（PE）を有する外国法人，ⅱ）長期建設工事現場等（PE）を有する外国法人，ⅲ）契約締結代理人等（PE）を有する外国法人，ⅳ）事業を行う一定の場所（PE）を持たない外国法人の4つのグループに分類されます。そして，外国法人の各事業年度の所得に対する法人税等の課税標準，課税方式等は，その外国法人の区分に応じて97頁表のようになっています。

③　国際課税の適正化等に対応するための諸制度

国際的二重課税の排除，国際的租税回避への対応等のために設けられている制度には，その主要なものとして次のようなものがあります。

項　目	内　　　容
外国子会社配当益金不算入制度	この制度は，我が国企業の外国子会社が海外市場で獲得した利益の国内還流に向けた環境整備の一環として導入されたもので，企業の配当政策に対する中立性，配当に対する国際的二重課税の排除制度の簡素化等の観点も踏まえ，親会社が外国子会社から受け取る配当（支払い時に損金算入とされるものを除き，原則その配当の95％）を親会社において益金不算入とする制度です（法人税法23条の2）。 ■外国子会社配当益金不算入制度の概要 [内国法人]　課税所得金額／国内源泉所得／配当×5％／受取配当益金不算入（配当×95％）／（外国源泉税）／配当／（源泉税）／[外国子会社]　外国子会社（注）内国法人による持株割合25％以上・保有期間6カ月以上の外国法人
外国税額控除	内国法人が国外で得た所得に対して外国で課税を受ける場合に，その国外の所得について再度我が国でも課税を行うと，国際的二重課税が生じます。この二重課税を排除する方法として，法人税法及び租税条約に規定しているのがこの制度です（法人税法69条，等）。 　一般的で基本的なものとして設けられている外国税額控除制度は，①直接外国税額控除，②タックス・スペアリング・クレジット（みなし外国税額控除），③外国子会社合算税制等所得に対するみなし合算外国税額控除，に分類されます。なお，これらの外国税額控除は，次の算式による控除限

度額の下に，一括して，その事業年度の所得に対する法人税の額から控除することになっています。

$$控除限度額 = \begin{array}{c}各事業年度の\\所得に対する\\法人税の額\end{array} \times \frac{当期の調整国外所得金額}{当期の所得金額（全世界所得）}$$

（注）　上記本文の国外所得金額は，次のように計算することとされています。
　　　　国外所得金額＝国外事業所等帰属所得（１号所得）に係る所得の金額
　　　　　　　　　　　＋それ以外の国外源泉所得（２号～16号所得）に係る所得
　　　　　　　　　　　　の金額

　この算式の計算の基礎となる調整国外所得金額とは，国外所得金額（国外源泉所得に係る所得の金額）のみについて法人税を課するものとした場合に課税標準となるべき金額に相当するもの（非課税国外所得を除き，当期の全世界所得の90％を上限とする）とされています。

■外国税額控除の概要（支店形態の場合）

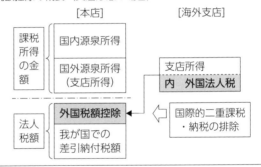

| | 外国子会社合算税制 | 　子会社等をいわゆるタックス・ヘイブンに設立して所得を留保し（通常の課税を免れ），親会社（我が国）への配当を行わないこととすれば，結局は我が国での課税を永遠に免れることが可能となります。外国子会社合算税制は，このような租税回避行為を防止する制度です（租税特別措置法66条の６，等）。 |

　子会社等をいわゆるタックス・ヘイブンに設立して所得を留保し（通常の課税を免れ），親会社（我が国）への配当を行わないこととすれば，結局は我が国での課税を永遠に免れることが可能となります。外国子会社合算税制は，このような租税回避行為を防止する制度です（租税特別措置法66条の６，等）。

　具体的には，外国関係会社が，内国法人との間に実質支配関係がある場合，経済活動基準を満たさない場合，特定所得（その外国関係会社の本店所在地国であえて稼得する必要のない所得等）を有する場合等において，租税負担割合が20％以上であるなどの適用免除要件を満たす場合を除き，その対象外国関係会社等の適用対象金額のうちのその内国法人の請求権等勘案合算割合に見合う金額，又は特定所得の金額を基礎とした部分適用対象金額のうちのその内国法人に係る請求権等勘案合算割合に見合う金額を，その内国法人の収益の額とみなして課税対象に含めて課税する（合算課税する）というものです。

■外国子会社合算税制の概要

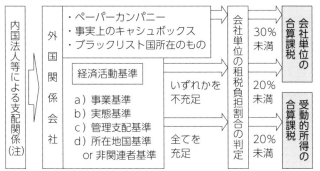

(注)　内国法人等が実質的に支配又は50％超の議決権等を直接・間接に保有する外国関係会社の所得を合算課税制度の対象とします。

移転価格税制	この税制は，例えば，外国にある子会社に対して通常より低い価格で製品を輸出している場合や，外国の子会社から原材料を通常より高い価格で購入している場合など，国内の企業が国外関連者との取引の際に独立企業間価格（第三者との間の通常の取引価格）と異なる価格で取引を行ったことにより，その国内の企業の所得が圧縮されているときは，税務上その取引価格を独立企業間価格に置き直して，課税所得（販売損益等）を再計算するという制度です（租税特別措置法66条の４）。 ■移転価格税制の概要 （対象取引を独立企業間価格の取引とみなす場合） 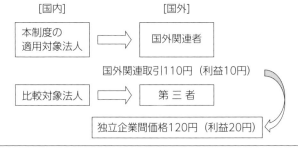
BEPS の包摂的枠組みによる税制の整備	2021年（令和３年）10月の OECD/G20の「BEPS（税源浸食と利益移転）の包摂的枠組み」において，課税上の課題への解決策に関する国際的な基本合意が取りまとめられました。この国際合意は，「グローバル・ミニマム課税（第２の柱）」と「市場国への新たな課税権の配分（第１の柱）」の２つの柱からなっていますが，各国では，この国際合意に則った国内における法制度の整備を進めることとされています。 　我が国では，2023年（令和５年）度税制改正において，第一段階として，

新たな課税制度（グローバル・ミニマム課税）のうちの「所得合算ルール」の法制化が行われ、2024年（令和6年）4月以後に開始する対象会計年度からその適用がされることになりました。なお、「第2の柱」のうちの上記以外の課税制度については、今後、OECDにおいて実施細目が議論される見込みであることから、2024年（令和6年）度税制改正以降に法制化を検討することとされています。

(注)1　「グローバル・ミニマム課税（第2の柱）」とは、年間総収入金額が7.5億ユーロ（約1,100億円）以上の多国籍企業グループを対象として、各国ごとに最低税率（15％）以上の課税を確保する仕組みのことをいいます。そのうちの「所得合算ルール」とは、軽課税国に所在する子会社等の税負担が最低税率に至るまで親会社の所在する国において課税を行う制度のことをいいます。

2　「第1の柱：経済のデジタル化に伴う課税上の国際的課題解決に向けて、年間総収入金額が200億ユーロ（約2.9兆円）以上のグローバル企業グループを対象として、恒久的施設（PE）を有しない市場国へもその企業グループの利益の一部に新たな課税権を配分し、市場国での課税も認める制度」についても、今後、「第2の柱」と同様、我が国での法制度の整備が予定されています。

3　BEPS（Base Erosion Profit Shifting）とは、国際課税の局面において、課税所得等を人為的に操作し、税制の抜け穴等を利用して課税逃れを行うための租税回避プランニングのことをいいます。

■グローバル・ミニマム課税の概要

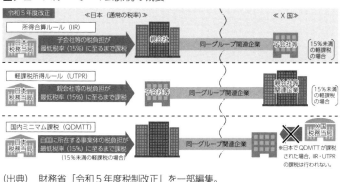

(出典)　財務省「令和5年度税制改正」を一部編集。

租税条約	非居住者及び外国法人に対しては、我が国の課税のほか、その者の居住地国においても別途課税が行われるのが通常ですが、国と国との間で、このような国際間の二重課税を排除したり、互いの国民が課税上で対等な扱いがされるように、両国の課税の方法を条約等の締結により調整することが望まれます。 　そのため、我が国においても、現在数多くの国・地域との間で二国間の租税条約を締結しています。租税条約では、対象税目、適用領域、課税の

範囲，用語の定義，租税の軽減・免除，権限ある当局の相互協議，情報の交換等を定めています。

　また，この租税条約を具体的に実施するために，その必要事項を定めた「租税条約の実施に伴う所得税法，法人税法及び地方税法の特例等に関する法律」が別途制定されています。

（注）　租税条約を締結できない台湾との間では，外国居住者等所得相互免除法（外国居住者等の所得に対する相互主義による所得税等の非課税等に関する法律）が適用されます。

　　　また，BEPS防止措置実施条約もありますが，これは，租税条約の濫用等を通じた租税回避行為の防止に関する措置などを規定した全世界共通の包括条約であり，各国は，本条約を批准して任意にその適用の選択をすることになっています。

3　税率と税額の計算

(1)　各事業年度の所得に対する法人税の税率

　法人の各事業年度の所得に対する法人税の税率は，法人の種類と課税所得金額の区分に応じてそれぞれ次のようになっています（法人税法66条，租税特別措置法42条の3の2，67条の2，68条）。

	区　　　　　　分		税　率
ⅰ	普通法人（中小法人を除きます）		23.2%
ⅱ	(a)　中小法人（普通法人のうち，資本金1億円以下等の法人）	年800万円以下の金額部分	15%
	(b)　一般社団法人等（認可地縁団体，管理組合法人等を含みます） (c)　人格のない社団等	年800万円超の金額部分	23.2%
ⅲ	(a)　公益法人等（一般社団法人等を除きます） (b)　協同組合等 (c)　特定医療法人	年800万円以下の金額部分	15%
		年800万円超の金額部分	19%

（注）1　特定の大規模協同組合等の年10億円を超える部分の所得に対する税率は，22%。

　　　2　「中小法人」とは，普通法人（相互会社，投資法人，特定目的会社及び法人課税信託の受託法人を除きます）のうち，資本金の額等が1億円以下である法人（大法人の子会社を除きます）又は資本金等を有しない法人をいいます。

　　　3　中小法人又は特定医療法人である適用除外事業者（租税特別措置法42条の4・19項8号）に対する年800万円以下の部分の税率は，19%。

(2)　特定同族会社の特別税率

　法人税法は，特に個人経営的色彩の強い会社を特定同族会社として特別な取扱いをしています。すなわち，特定同族会社（資本金等の額が1億円以下の中小法人を除きます）においては，一般の法人と異なり，相互に特殊な関係を持つ少数の者が法人を支配しているため，個人株主の所得税の累進税率による租税負担を回避するために，剰余金の分配の時期を遅らせたり，あるいは全く剰余金の分配を行わないか，分配しても極めて僅少の額しか行わないことによって剰余金を内部留保することが考えられます。

　そこで，一定の限度額を超えて（所得金額の40％超で，2,000万円超など），各事業年度の所得等の金額を留保した場合には，通常の法人税の他に，その限度額（留保控除額）を超えて留保した所得等の金額（課税留保金額）に対し，その金額に応じて10％，15％，20％の特別税率による法人税を別途課すこととしています（法人税法67条）。

（参考）　特定同族会社

　　　特定同族会社とは，会社の株主等の1人とその同族関係者がその会社の発行済株式の総数等の50％を超える数等を保有するなどにより，「その会社を支配している場合」におけるその被支配会社をいいます。

(3)　使途秘匿金の特別税率

　法人が交際費，機密費，接待費等の名義をもってした金銭の支出で，その費途が明らかでないものは，法人税の課税所得の計算上，損金の額に算入されないことになっています。このような損金不算入とされる「使途不明金」は，旧来からそれが違法ないし不当な支出の隠れ蓑になっているとして社会的に大きな問題となっていました。

　そのため，1993年（平成5年）のゼネコン汚職等を契機として，1994年（平成6年）から，企業が相手先を秘匿するような金銭の支出等については，違法ないし不当な支出につながりやすく，それがひいては公正な取引を阻害することになることも踏まえ，そのような支出を極力抑制する観点から，使途秘匿金（相当の理由がなく，その相手方の氏名・名称，住所・所在地及びその事由を帳簿書類に記載していないもので，その費途が明らかでないもの）に該当する

ものに対して，政策的に，その使途秘匿金の支出額（所得の金額ではない）の40％相当額の税額の追加的な負担を求める税制上の措置が講じられています（租税特別措置法62条）。

(4)　法人税額の計算

　法人税額の計算に当たっては，各事業年度の所得金額等に対して前記(1)の税率を乗じて算出した税額から，ⅰ）源泉徴収された所得税額と法人税の確定申告による税額との二重課税を排除するため，又はⅱ）国際的な二重課税を排除するため，あるいはⅲ）政策的配慮のために設けられた税額控除を適用するために，種々の税額控除制度を適用して税額の控除（減額）をして，各事業年度の所得の金額に対する最終的な法人税額を算出することになっています（法人税法68条，69条，租税特別措置法42条の4，等）。

　なお，法人税における税額控除には，次のようなものがあります。

区　分	税　額　控　除　の　内　容
二重課税の排除を目的とするもの	①　所得税額の控除 ②　外国税額の控除，分配時調整外国税相当額の控除
政策的配慮を目的とするもの（主なもの）	①　仮装経理に基づく過大申告の場合の更正に伴う法人税額の控除 ②　試験研究を行った場合の法人税額の特別控除 ③　中小企業者等が機械等を取得した場合の法人税額の特別控除 ④　国家戦略特別区域又は国際戦略総合特別区域において機械等を取得した場合の法人税額の特別控除 ⑤　地域経済牽引事業の促進地域内において特定事業用機械等を取得した場合の法人税額の特別控除 ⑥　地方活力向上地域等において特定建物等を取得した場合の法人税額の特別控除 ⑦　地方活力向上地域等において雇用者の数が増加した場合の法人税額の特別控除 ⑧　認定地方公共団体の寄附活用事業に関連する寄附をした場合の法人税額の特別控除 ⑨　中小企業者等が特定経営力向上設備等を取得した場合の法人税額の特別控除 ⑩　給与等の支給額が増加した場合の法人税額の特別控除 ⑪　認定特定高度情報通信技術活用設備を取得した場合の法人税額の特別控除 ⑫　事業適応設備を取得した場合等の法人税額の特別控除

4　申告及び納付

⑴　申告納税制度による申告等

　法人税は，所得税，相続税と同様に，申告納税制度を採用しています。

　したがって，納税義務者である法人は，事業年度が終了した後に決算を行い，株主総会の承認等を受け，その承認等を受けた決算（確定決算）に基づいて，所得金額や法人税額等の法人税法に定められた事項を記載した確定申告書を作成し，これを事業年度終了の日の翌日から2月以内に納税地（本店又は主たる事務所の所在地等）の所轄税務署長に提出し，併せてその税額を納付する必要があります（法人税法74条，77条，等）。

　なお，上記のような「確定した決算に基づいて確定申告書を提出しなければならない」旨の規定による申告を「確定決算主義」と呼んでいます。

（注）　法人税の申告等に際しては，次のことに留意する必要があります。

項　目	内　　　容
申告期限の延長	定款等の定めにより，又はその法人に特別の事情があることにより，各事業年度終了の日の翌日から2か月以内にその各事業年度の決算についての定時総会が招集されない常況にあると認められる場合には，その法人の申請により，税務署長は確定申告書の提出期限を1か月ないし4か月延長することができます。
中間申告	中間申告とは，いわば概算の事前納付をする予納等の申告制度です。事業年度が6か月を超える法人（基準税額が10万円超の場合に限られます）が，その6か月を経過した日から2か月以内にする申告のことをいい，前年度実績に基づく税額（前年税額の6か月分）による予定申告と，6か月間の仮決算に基づき算出した税額による狭義の中間申告との2種類があります。 　なお，中間申告によって前納した税額は確定申告時に精算することになります（源泉所得税額と同様です）。
電子申告	2020年（令和2年）4月1日以後，大法人等の特定法人の法人税の確定申告書，中間申告書及び修正申告書の提出については，これらの申告書の申告書記載事項を原則として電子情報処理組織（e-Tax）を使用する方法により提供しなければならないこととされています。また，上記の申告書の提出に伴う添付書類の提出についても，添付書類記載事項を同様に，電子情報処理組織を使用する方法又はその添付書類記載事項を記録した光ディスク等を提出する方法により提供しなければならないとされています。

> また，後記6(2)のグループ通算制度の適用法人については，特定法人に限
> 定せず，全法人に電子申告の義務が課せられています。
>
> （注）　上記の特定法人とは，法人課税信託の受託法人を除き，内国法人のうち事業
> 　　　　年度開始の時において資本金の額又は出資金の額が1億円を超える法人並びに
> 　　　　相互会社，投資法人及び特定目的会社をいいます。

⑵　青色申告制度の採用

　法人税法では，所得税法と同様，青色申告制度が設けられており（法人税法
121条，等），この制度に基づいて青色申告をする法人は，所得金額の計算上一
定の特典が受けられるとともに，その申告に対しては，帳簿書類を調査した上
でなければ更正できないとされています（下表を参照）。

■青色申告の特典

根拠法	特　典　の　内　容
法人税法	・青色申告書を提出した事業年度に生じた欠損金の繰越控除 ・欠損金の繰戻しによる法人税額の還付 ・帳簿書類の調査に基づかない更正の原則禁止 ・推計による更正又は決定の禁止
租税特別措置法	・各種の特別償却 ・各種準備金の積立額の損金算入 ・各種の法人税額の特別控除 ・各種の所得の特別控除 ・中小企業者等の少額減価償却資産の取得価額の損金算入

5　地方法人税の併課

　地方法人税は，地方公共団体の地域間の税源の偏在性を是正し財政力格差の縮小を図ることを目的として創設されたものです。そのため，2014年（平成26年）10月及び2019年（令和元年）10月の地方税（道府県民税及び市町村民税）の税率の引下げに併せて，この引下げの合計に見合う税率10.3％の税，すなわち，各事業年度の所得に対する法人税の額（基準法人税額）を課税標準とする税率10.3％の地方法人税（国税）を設け，その税収の全額を地方交付税原資とすることとしています。

（参考）　基準法人税額
　　基準法人税額とは，各事業年度の所得に対する法人税の額ですが，所得税額控除，外国税額控除，分配時調整外国税相当額控除及び仮装経理に基づく過大申告の場合の更正に伴う法人税額の控除を適用しない前の法人税の額をいいます。
　　また，地方法人税の申告は，法人税との兼用様式となっている申告書（申告書別表一・次葉）を使用して行います。

【図表】　地方法人税に関する改正経緯の概要

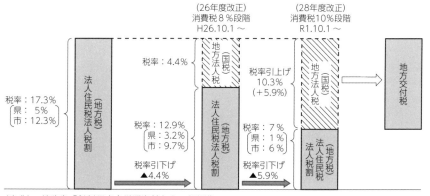

（出典）　総務省「税制調査会説明資料」を一部編集。

6　グループ法人税制及びグループ通算制度

　近年，組織再編制度，連結会計制度，企業の組織形態に関する法制度等の諸

制度が整備され，これに合わせて，法人税においても2001年度（平成13年度）以降，種々の税制改正が行われています。また，企業グループを対象とした法制度や会計制度が定着しつつある中，法人の組織形態の多様化にも配意し，課税の中立性や公平性を確保する等の観点から，次のような法人税制が整備されています。

(1)　グループ法人税制

　2020年（令和2年）に創設されたグループ法人税制は，完全支配関係（一の法人が直接又は間接に他の法人の発行済株式等の全部を保有する場合等の両者の関係）のある内国法人間で譲渡損益調整資産の移転を行ったことにより生ずる譲渡損益は，そのグループ内にその資産が留まる間はその発生の認識を繰り延べ，移転先において償却等を行ったとき，その資産がそのグループ外へ移転したとき，両者が完全支配関係を有しないこととなったとき等に，その繰り延べた譲渡損益の一部又は全部を取り戻すという制度です（法人税法61条の11，等）。

　また，グループ内部の取引に課税関係を生じさせないという観点から，寄附金の全額損金不算入，受贈益の益金不算入，受取配当等の全額益金不算入等の措置も講じられています。

(参考)　譲渡損益調整資産

　「譲渡損益調整資産」とは，固定資産，土地，有価証券，金融債権及び繰延資産です。ただし，その譲渡の直前の簿価が1,000万円未満の資産や売買目的有価証券などは対象外となっています。

(2)　グループ通算制度

　旧来の連結納税制度は，グループ全体を1の納税主体（一法人）と捉えて課税する制度で，企業が効率的にグループ経営を行えるというメリットはありましたが，税額の計算が煩雑である等の指摘もあり，この制度を選択していない企業グループも多く存在していました。

　このため，企業の機動的な組織再編を促し，企業グループの一体的で効率的な経営を後押しして，企業の国際的な競争力の維持・強化を図る等の観点から，2020年（令和2年）度の税制改正において企業グループに係る税制度の簡素化等の見直しが行われ，2022年（令和4年）4月から，旧来の連結納税制度を廃

止し，「グループ通算制度」への移行と改組が図られました。

　グループ通算制度は，具体的には，法人格を有する各法人を納税単位として，課税所得金額及び法人税額の計算並びに申告を各法人がそれぞれ行う個別申告方式の制度を基本とする一方，同時に，企業グループの一体性にも着目し，課税所得金額及び法人税額の計算上，企業グループをあたかも1の法人であるかのように捉え，損益通算等の調整を行う仕組みも導入し，企業グループ全体の申告納税に与える影響等にも配意したこれまでにない仕組みの制度となっています。

　また，時価評価課税及び欠損金の切捨て等について，組織再編税制と整合性のとれた制度とし，課税の中立性の確保も図られています。

【図表】　グループ通算制度の概要

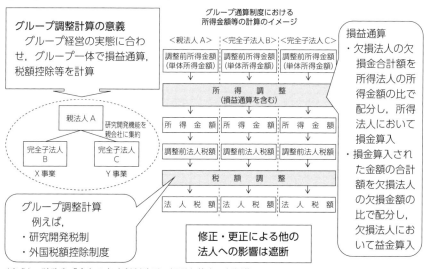

（出典）　財務省「令和2年度税制改正の解説」等を一部編集。

7　法人税の申告書の仕組み

　法人税の申告をする場合における所得金額，納税額等を記載する確定申告書（申告書別表一）の様式（主な記載事項及びその記載箇所等）並びに設例に基づく記載例は，次のとおりです。

【申告書別表一】所得金額及び税額を記載した鑑別表

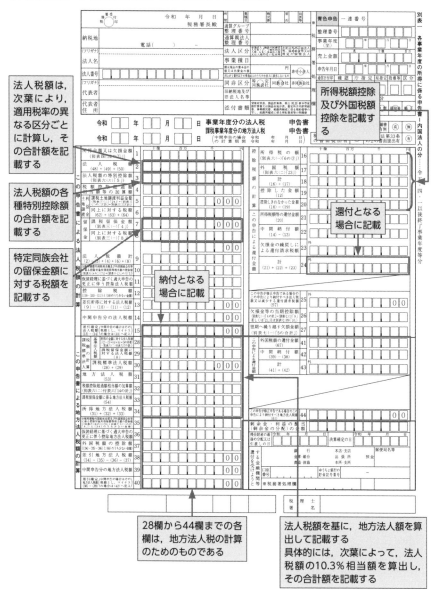

法人税額は，次葉により，適用税率の異なる区分ごとに計算し，その合計額を記載する

法人税額の各種特別控除額の合計額を記載する

特定同族会社の留保金額に対する税額を記載する

所得税額控除及び外国税額控除を記載する

還付となる場合に記載

納付となる場合に記載

28欄から44欄までの各欄は，地方法人税の計算のためのものである

法人税額を基に，地方法人税額を算出して記載する
具体的には，次葉によって，法人税額の10.3％相当額を算出し，その合計額を記載する

税額の計算のための次葉

事業年度等	・　　　・	法人名	

別表一次葉　令五・四・一以後終了事業年度等分

法 人 税 額 の 計 算

(1)のうち中小法人等の年800万円相当額以下の金額 ((1)と800万円×—のうち少ない金額)又は(別表一付表「5」)	45	000	(45)の 15 % 又は 19 % 相 当 額	48	
(1)のうち特例税率の適用がある協同組合等の年10億円相当額を超える金額 (1)-10億円×—	46	000	(46)の 22 % 相 当 額	49	
そ の 他 の 所 得 金 額 (1)-(45)-(46)	47	000	(47)の 19 % 又は23.2 % 相当 額	50	

地 方 法 人 税 額 の 計 算

| 所得の金額に対する法人税額
(28) | 51 | 000 | (51) の 10.3 % 相 当 額 | 53 | |
| 課税留保金額に対する法人税額
(29) | 52 | 000 | (52) の 10.3 % 相 当 額 | 54 | |

こ の 申 告 が 修 正 申 告 で あ る 場 合 の 計 算

法人税額の計算	この申告前の	法 人 税 額	55		地方法人税額の計算	この申告前の	確定地方法人税額	58	
		還 付 金 額	56	外			還 付 金 額	59	
							欠損金の繰戻しによる還 付 金 額	60	
	この申告により納付すべき法人税額又は減少する還付請求税額 ((15)-(55))若しくは((15)+(56))又は(56)-(24))	57	外 00			この申告により納付すべき地方法人税額((40)-(58))若しくは((40)+(59)+(60))又は(((59)-(43))+(60)-(43の外書)))	61	00

土 地 譲 渡 税 額 の 内 訳

| 土 地 譲 渡 税 額
(別表三(二)「25」) | 62 | 0 | 土 地 譲 渡 税 額
(別表三(三)「21」) | 64 | 00 |
| 同　　　上
(別表三(二の二)「26」) | 63 | 0 | | | |

地 方 法 人 税 額 に 係 る 外 国 税 額 の 控 除 額 の 計 算

| 外 国 税 額
(別表六(二)「56」) | 65 | | 控 除 し き れ な か っ た 金 額
(65)-(66) | 67 | |
| 控 除 し た 金 額
(37) | 66 | | | | |

法人税額の計算欄（その法人の区分に応じて該当欄・税率を判断して記載

地方法人税額の計算欄

修正申告の場合の記載欄

法人税額を基に，地方法人額を算出して記載する。具体的には，所得金額に対する法人税額と，課税留保金額に対する法人税額の区分に応じて，それぞれの10.3％相当額を算出して記載し，その金額を別表一の「31」欄又は「33」欄に記載する。

設例（単位：円）

以下の事項を前提とした申告書の記載事例は，以下のとおりです。
・対象法人は中小法人／所得金額18,274,622
・所得税額の控除額68,917／中間申告分の法人税額1,555,500

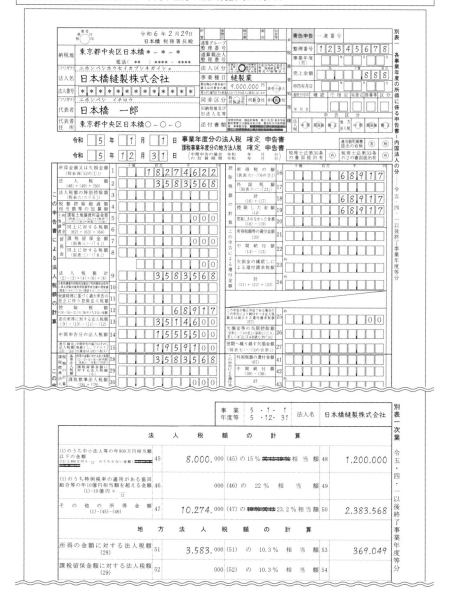

4 相続税と贈与税の詳細

1 相続税と贈与税のあらまし

　相続税は，死亡した人（被相続人）の財産を相続又は遺贈（死因贈与を含みます）により取得した配偶者や子など（相続人等）に対して，取得した財産の価額を基に課されるものです。一方，贈与税は，個人からの贈与により財産を取得した者に対して，取得財産の価額を基に課されるものとなっています。そして，この2つの税は，相互に関連を有するものとして構築されており，その機能と課税方式の概要は，次のようになっています。

① 機　能

相続税	相続税の持つ機能として代表的なものは，次のとおりです。 ⅰ）所得税の補完機能 　被相続人が生前において受けた社会政策上等の要請に基づく税制上の特典，その他の負担軽減措置等によって蓄積した財産への課税を相続開始の時点で清算する，いわば所得税を補完する機能 ⅱ）富の集中抑制機能 　相続により相続人等が得た偶然の富の増加に対し，その一部を税として徴収することで，相続した者としなかった者との間の財産保有状況の均衡を図り，併せて富の過度の集中を抑制するという機能
贈与税	贈与税の持つ機能は，相続税の補完機能といえます。 　すなわち，仮に，被相続人が生前，相続人となるべき者等に財産を贈与した場合に税が課税されなかったり，課税されるとしても少額であるときは，生前贈与による財産の分散の有無により，相続税も加味した場合の税負担には著しい不公平が生じることになります。 　そこで，生前の贈与による取得財産には贈与税を課税して相続税を補完する機能を与えています。 （注）　相続と贈与の一体課税制度等 　　　この贈与税の性格を踏まえ，被相続人から相続又は遺贈により財産を取得した者（相続人等）については，相続開始前3年以内（2024年1月1日以後の贈与分は7年以内）に被相続人から贈与により取得した財産の価額を相続税の課税価格に加算するという制度が設けられています。また，贈与税と相続税を一体化する仕組みを持つ相続時精算課税制度（後記4を参照）も別途設けられています。

② **課税方式**

相続税の課税方式は，理論的に大別すると，次の遺産課税方式と遺産取得課税方式の２つの方式があります。

ⅰ）遺産課税方式

これは，被相続人の遺産総額を基に課税をする方式です。

遺産課税方式は，作為的な遺産分割による租税回避を防止しやすく，また，遺産分割のいかんに関係なく遺産の総額によって相続税の税額が定まるため，税務の執行が容易な課税方式といえます。

■遺産課税方式の概要

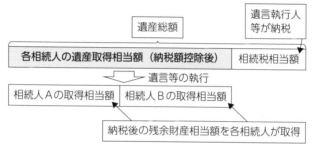

ⅱ）遺産取得課税方式

これは，各相続人が取得した遺産額を基に課税をする方式です。

遺産取得課税方式は，個々の相続人が相続した財産価額に応じてそれぞれ超過累進税率が適用されるため，富の集中化の抑制に大きく貢献し，また，同一の被相続人から財産を取得した者の間の取得財産額に応じた税負担の公平が期待できる課税方式といえます。

■遺産取得課税方式の概要

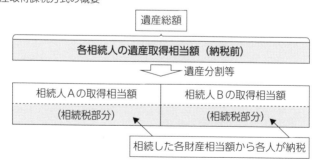

我が国の相続税の課税方式は，1950年（昭和25年）に，遺産課税方式から遺産取得課税方式に改められていますが，1958年（昭和33年）の税制改正で遺産課税方式の要素が一部採り入れられ，現在に至っています。

この1958年（昭和33年）の改正は，仮装の遺産分割によって相続税の回避が図ら

115

| | | | れやすいという難点のある遺産取得課税方式について，遺産取得課税の建前を維持しつつ，法定相続分課税方式（各相続人等が相続等により取得した財産の合計を一旦法定相続分で遺産分割したものと仮定して相続税の総額を算出し，それを実際の遺産の取得額に応じて按分するという計算の仕組み）を導入して，その弊害を是正しようとしたものです。 |

| 贈与税 | 贈与税の課税方式は，その持つ機能が相続税の補完機能であることから，相続税の課税方式に準じて決まります。
　我が国では，現在の相続税の課税が遺産取得課税を基本理念としていることから，贈与税の課税方式も，贈与者課税方式ではなく，受贈者課税方式が採用されています。 |

2　相続税の詳細等

(1)　相続税の納税義務者

　相続税の納税義務者は，原則として，相続もしくは遺贈により財産を取得した者又は被相続人からの贈与について相続時精算課税制度の適用を受けた者です（相続税法1条の3，2条，21条の16，66条，66条の2，等）。

　なお，この納税義務者における納税義務の範囲（概要）は下図のとおりです（詳細は次頁表の①及び②のようになっています）。

[参考]　相続税の納税義務の範囲（原則的な取扱い）

被相続人 ＼ 相続人			国内に住所あり		国内に住所なし		
				一時居住者(※1)	日本国籍あり		日本国籍なし
					10年以内に住所あり	10年以内に住所なし	
国内に住所あり	外国人被相続人(※2)				国内・国外財産ともに課税		
国内に住所なし	日本国籍あり	10年以内に住所あり					
		10年以内に住所なし				国内財産のみ課税	
	日本国籍なし						

（※1）　相続開始の時において在留資格を有する者で，相続開始前15年以内において国内に住所を有していた期間の合計が10年以下であるもの

（※2）　相続開始の時において在留資格を有し，かつ，国内に住所を有していた被相続人

（出典）　財務省「令和3年度税制改正の解説」を一部編集。

116

①　個人の納税義務者

区　分	内　　　　容
居住無制限納税義務者	居住無制限納税義務者とは，相続又は遺贈により財産を取得した次に掲げる個人で，その財産を取得した時において相続税法の施行地（以下「国内」といいます）に住所を有していた者をいい，その取得財産の所在のいかんを問わず，取得財産の全部（全世界の財産）について納税義務があります。 ⅰ）一時居住者でない個人 ⅱ）被相続人が外国人被相続人又は非居住被相続人でない場合の一時居住者である個人 （注）1　一時居住者とは，相続開始の時において在留資格を有する者であって，相続開始前15年以内に国内に住所を有していた期間が合計10年以下である者をいいます。 　　　2　外国人被相続人とは，相続開始の時において在留資格及び国内に住所を有していた者をいいます。 　　　3　非居住被相続人とは，相続開始の時において国内に住所を有していなかった被相続人であって，相続開始前10年以内のいずれかの時において国内に住所を有していたことがある者でそのいずれの時においても日本国籍を有していなかった者又は相続開始前10年以内のいずれの時においても国内に住所を有していたことがない者をいいます。
非居住無制限納税義務者	非居住無制限納税義務者とは，相続又は遺贈により財産を取得した次に掲げる個人（被相続人が外国人被相続人又は非居住被相続人である場合を除きます）で，その財産を取得した時において国内に住所を有しない者をいい，その取得財産の所在のいかんを問わず，取得財産の全部について納税義務があります。 ⅰ）日本国籍を有する個人で，(a)相続の開始前10年以内のいずれかの時において国内に住所を有していたことがある者，又は(b)相続の開始前10年以内のいずれの時においても国内に住所を有していたことがない者 ⅱ）日本国籍を有しない個人
制限納税義務者	制限納税義務者とは，相続又は遺贈により国内にある財産を取得した個人（上記の居住無制限納税義務者又は非居住無制限納税義務者に該当する者を除きます）をいい，国内にある取得財産についてのみ納税義務があります。
特定納税義務者	特定納税義務者とは，相続又は遺贈により財産を取得しなかった個人で，被相続人から相続時精算課税の適用を受ける財産を贈与により取得していた者をいい，相続時精算課税の適用を受けた財産に納税義務があります。

② 個人とみなされる納税義務者

　遺贈により財産を取得する者は，必ずしも個人とは限らないことから，相続税法は，税負担の公平を図るため，財産の取得者である人格のない社団等や特定一般社団法人等を個人とみなして，相続税の納税義務を課す規定を設けています。

(2) 相続税の課税価格と税額

① 相続税額の計算手順

　相続税法では，相続又は遺贈により財産を取得した者が納付する相続税額を算出するために，次のように計算を行うこととしています。

【図表】　税額の計算イメージ

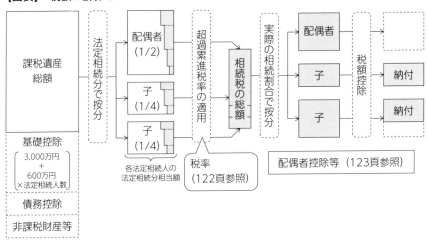

（出典）　財務省「相続税の仕組み」を一部編集。

【図表】　相続税の納付税額は4段階で計算

第1段階 （課税価格の計算）	相続又は遺贈により財産を取得した者に係る課税価格（各人の課税価格）を個々に計算し，その後，同一の被相続人から相続又は遺贈により財産を取得したすべての者の相続税の課税価格の合計額を計算する。

第2段階 （相続税の総額の計算）	課税価格の合計額から遺産に係る基礎控除額を控除した残額（課税遺産総額）を基に，一旦法定相続分で遺産分割したものと仮定として相続税の総額を計算する。

第3段階 （各人の算出税額の計算）	相続税の総額を各人が実際に取得した財産の額（割合）に応じ配分し，各人の算出税額を計算する。

第4段階 （各人の納付税額の計算）	各人の算出税額から各人に応じた各種の税額控除額を控除し，各人の納付すべき税額を計算する。

②　相続税の課税原因及び課税財産

　相続税は，民法上の相続又は遺贈により財産を取得した場合に，その取得という事実を課税原因としています。そのため，相続の開始があった場合には，相続人は，被相続人の一身に専属したものを除き，被相続人の財産に属した一切の権利義務を承継することになります（民法896条，相続税法11条の2，13条）。

（参考）　相続の意義と相続の開始

　　民法上の「相続」とは，個人が死亡した場合に，その者の有していた財産上の権利義務をその者の配偶者や子など一定の身分関係にある者に承継させる制度のことをいいます。この場合，財産上の権利義務が他の者に承継される者のことを「被相続人」といい，他の者から承継する者のことを「相続人」といいます。したがって，相続という概念を定義すれば，被相続人から相続人に対する財産上の権利義務の承継ということになります。

　また，財産に属する権利には，①不動産や動産の所有権や占有権などの物権，②預金や貸付金，他人に何かをしてもらう権利などの債権，③著作権や特許権，商標権などの無体財産権等の法律上の根拠を有するもののほか，例えば，営業

権のような法律上の根拠を有しないものも含まれ，これらが相続人に承継されます。

　なお，相続税法上の相続財産とは，被相続人に帰属していた財産のうち金銭に見積もることができる経済的価値のあるすべてのものをいうとされ，積極財産だけを指すものとされています。

　さらに，相続税法上は，法律的にいって被相続人から相続又は遺贈により取得したものではないが，実質的に相続又は遺贈により取得した財産と同様の経済的効果を持つものは，課税の公平を図る見地から，相続又は遺贈により取得したものとみなして相続税の課税対象としています。これを「みなし相続財産」（例えば，被相続人の死亡により支給される生命保険金，退職手当金，特別寄与者が支払いを受ける特別寄与料など）と呼んでいます。

③　相続税の非課税財産

　相続税法では，相続又は遺贈により取得した財産（みなし相続財産を含みます）であっても，公益性や社会政策的見地，相続人の生活安定のための社会的見地あるいは国民感情等を考慮して，次のようなものは，相続税の課税対象から除いています。これを相続税の非課税財産といいます（相続税法12条，租税特別措置法70条，等）。

相 続 税 の 非 課 税 財 産 の 例 示
ⅰ）皇室経済法第7条の規定により皇位とともに皇嗣が受けた物
ⅱ）墓所，霊廟及び祭具並びにこれらに準ずるもの
ⅲ）一定の公益事業を行う者が取得した公益事業用財産
ⅳ）条例による心身障害者共済制度に基づく給付金の受給権
ⅴ）相続人が取得した生命保険金等又は退職手当金等のうち一定の金額
ⅵ）相続税の申告書の提出期限までに国，地方公共団体，特定の公益法人又は認定特定非営利活動法人に贈与（寄附）した財産

④　相続税の課税価格の計算

　各相続人及び受遺者の相続税の課税価格（相続時精算課税の適用財産の価額を含まない各人の課税価格）は，次頁の算式のように計算し，各人の課税価格を合計したものを「課税価格の合計額」といいます。なお，相続人又は包括受

遺者が負担した債務の金額は，取得財産の価額から控除して計算をします（相続税法11条の2，13条，19条，等）。

【算式】

$$
\begin{array}{l}
各人の相\\
続税の課\\
税価額
\end{array}=
\begin{array}{l}
相続・遺贈に\\
より取得した\\
本来の財産の\\
価額
\end{array}+
\begin{array}{l}
相続・遺贈に\\
より取得した\\
とみなされる\\
財産の価額
\end{array}-
\begin{array}{l}
債務及び\\
葬式費用\\
の額
\end{array}+
\begin{array}{l}
被相続人からの相\\
続開始前3年又は\\
7年以内の贈与財\\
産の価額
\end{array}
$$

（参考）　相続税の課税価格の計算における留意事項

　　相続税の申告書の提出期限までに遺産の全部又は一部が共同相続人又は包括受遺者によって分割されていない場合には，その分割されていない財産は，民法の規定による相続分又は包括遺贈の割合に従って，その財産を取得したものとして課税価格を計算します（相続税法55条）。

　　なお，2024年（令和6年）1月1日以後の贈与については，相続開始前7年以内の贈与財産が相続財産に加算となりますが，3年超部分の加算価額は，その3年超の贈与財産の価額の合計額から100万円を控除した残額となります。

　　また，相続人等の生活基盤，社会的基盤の維持に不可欠なものであることなどの理由から，申告書の提出を適用要件として，課税価格の計算において，次のような特例も設けられています。

i）小規模宅地等についての相続税の課税価格の計算の特例	相続又は遺贈によって取得した財産のうちに，相続開始の直前において被相続人等の事業の用又は居住の用に供されていた特例対象宅地等がある場合には，相続税の課税価格を最高20％まで減額する（租税特別措置法69条の4）。
ii）特定計画山林についての相続税の課税価格の計算の特例	相続人等が相続又は遺贈により取得した特定計画山林をこの特例の適用を受けるものとして選択して相続税の申告書の提出期限まで引き続き保有している場合には，相続税の課税価格に算入すべき価額の計算上，5％を減額する（租税特別措置法69条の5）。

⑤　遺産に係る基礎控除額

　　各相続人等の「課税価格の合計額」から控除する金額を「遺産に係る基礎控除額」といいます。これは，いわば相続税の課税最低限度額の控除ともいうべきもので，遺産に係る基礎控除額よりも課税価格の合計額が少ない場合には，相続税は課税されないことになります。この「基礎控除額」は，次頁の算式により計算した金額となっています（相続税法15条）。

【算式】

　遺産に係る基礎控除額＝3,000万円＋（600万円×法定相続人の数）

⑥　相続税の総額と各相続人等の算出相続税額

　イ　相続税の総額

　相続税の総額は，同一の被相続人から相続又は遺贈により財産を取得したすべての者に係る税額（相続人等の個人的事情を考慮する前の税額）の合計額です。

　具体的には，ⅰ）被相続人から相続又は遺贈により財産を取得した者の課税価格の合計額から「遺産に係る基礎控除額」を控除した残額（課税遺産総額）を計算し，ⅱ）この残額を「法定相続人の数」に応じた「法定相続分」により取得したものと仮定して按分した各人の取得金額を計算し，ⅲ）その各取得金額に，超過累進税率を基礎とした次表の「相続税の速算表」によって算出した各人の金額を合計して，「相続税の総額」を算定します（相続税法16条）。

■相続税の速算表

法定相続分に応ずる取得金額	1,000万円以下	3,000万円以下	5,000万円以下	1億円以下	2億円以下	3億円以下	6億円以下	6億円超
税　率	10%	15%	20%	30%	40%	45%	50%	55%
控除額	－	50万円	200万円	700万円	1,700万円	2,700万円	4,200万円	7,200万円

（注）　例えば，課税遺産総額を法定相続分で按分した遺産の取得金額が225,300千円である場合の税額は，次のようになります。

　　税額＝225,300千円×45％－27,000千円＝74,385千円

　ロ　各相続人等の算出相続税額

　相続税の各相続人等の負担額（相続税額）については，相続税の総額を基に次により按分して算出します（相続税法17条）。

【算式】

$$各相続人又は受遺者の相続税額 = 相続税の総額 \times \frac{各相続人又は受遺者の課税価額}{課税価格の合計額}$$

⑦　各相続人等の納付すべき相続税額

　各相続人等が具体的に納付すべき税額は，上記⑥の算出税額に，次頁表のⅰ）

122

からⅶ）を順に加減算して求めることになっています（相続税法18条〜20条の
２）。

■税額の加減算の項目と内容

項　目	内　　　　　　容
ⅰ）相続税額の加算	被相続人から相続又は遺贈により財産を取得した者が被相続人との血族関係の薄い者である場合や，全く血族関係がない者である場合には，その財産の取得には偶然性が強く，また，被相続人が子を越えて孫に財産を遺贈する場合には，相続税の課税を１回免れることになるため，一定の財産取得者については，算出税額に２割相当額を加算した金額をもってその者の納付すべき相続税額とされます。
ⅱ）暦年課税分の贈与税額控除	相続又は遺贈により財産を取得した者が，相続開始前３年又は７年以内に被相続人から贈与を受けていた財産の価額は，その者の相続税の課税価格に加算して相続税を計算することから，加算した贈与財産に課税されていた贈与税相当額を算出税額［上記ⅰ）の相続税額の加算をした後の税額］から控除します。 　これは，相続税の課税価格への加算による相続税の課税と贈与財産に課される贈与税との二重課税の排除のための措置ということです。
ⅲ）配偶者に対する相続税額の軽減	相続人である被相続人の配偶者については，その配偶者に係る法定相続分相当額までの金額（１億6,000万円を下限）と実際相続額とのうち少ない金額までの金額は，実質的に，税額控除により納付すべき相続税額が算出されないように計算がされます。この税額控除を「配偶者に対する相続税額の軽減」といいます。 　この軽減措置は，㈜配偶者による財産の取得は，同一世代間の財産移転であり，遠からず次の相続が生じて，その際，相続税が課税されることになるのが通常であること，㈹長年共同生活を営んできた配偶者に対する配慮が必要であること，㈨遺産の維持形成には配偶者の貢献もあること，等を考慮して設けられたものです。
ⅳ）未成年者控除	相続又は遺贈により財産を取得した者が，被相続人の法定相続人で，かつ，未成年者である場合には，その者の算出税額から満18歳に達するまでの１年につき10万円を乗じた金額を控除します。 　（算式） 　　10万円×（18歳－その未成年者の年齢）＝未成年者控除額

		未成年者控除額は，まず，未成年者の算出税額から控除されますが，その者から控除しきれない控除不足額は，その者の扶養義務者の相続税額から控除されます。
ⅴ）	障害者控除	相続又は遺贈により財産を取得した者が，被相続人の法定相続人で，かつ，85歳未満の障害者である場合には，その者の算出税額から満85歳に達するまでの1年につき10万円（特別障害者は20万円）を乗じた金額を控除します。 （算式） 　10万円（又は20万円）×（85歳－その障害者の年齢）＝障害者控除額 障害者控除の控除不足額が生じたときの取扱いは，未成年者控除の場合と同様です。
ⅵ）	相次相続控除	相続税は，相続又は遺贈により財産を取得した場合に課税されることから，短期間に続けて相続があった場合には，同一の財産についてその都度相続税が課税され，長期間にわたり相続のなかった場合に比べ，著しい税負担の差異が生じます。 　このため，10年以内に2回以上相続があり，相続税が課せられる場合には，前回の相続税額のうちの相次相続分に見合う金額（10年間での逓減額）を，相次相続の際に控除し，負担の軽減を図っています。
ⅶ）	在外財産に対する相続税額の控除	相続又は遺贈により法施行地外にある財産を取得した場合において，その財産に対して外国の法令により我が国の相続税に相当する税が課せられたときには，その課せられた相続税に相当する金額は，その者の算出税額から控除します。 　これは，いわゆる国際的二重課税の排除措置です。

（注）　相続時精算課税制度を適用する場合の贈与税額の控除については，後記の「4　相続時精算課税制度」を参照。

(3)　相続税の申告

　相続税には，納税者の申告により納付すべき税額が確定する申告納税制度が採用されています。被相続人から相続又は遺贈により財産を取得した者の課税価格の合計額が，遺産に係る基礎控除額を超える場合において，納付すべき相続税額が算出される者は，その相続の開始があったことを知った日の翌日から10か月以内に，相続税の申告書を提出しなければなりません（相続税法19条の2，27条）。

124

　なお，同一の被相続人から相続又は遺贈により財産を取得し，相続税の申告をしなければならない者が2人以上ある場合には，共同して相続税の申告ができるとされていることから，一般的には共同して相続税の申告書を提出している場合が多い状況となっています。

　また，被相続人の配偶者については，配偶者の税額軽減がないものとして税額計算を行った場合に，納付すべき相続税額が算出されるときは，税額軽減の適用により相続税額が零になるときであっても，相続税の申告書を提出しなければなりません。

（参考）　相続税の申告に係る留意事項

　　相続財産は，被相続人の住所地を中心に存在していることなどから，被相続人の死亡時における住所が日本国内にある場合には，当分の間，被相続人の死亡時における住所地が納税地とされており（相続税法附則3条），相続税の申告書は被相続人の住所地を所轄する税務署長に提出することとなります。

　　また，相続税も，他の税と同様に，納税義務の成立の時点（相続開始時）の事実関係に基づいて税額を計算して申告するのが基本ですが，相続という特異性から，申告期限後に新たに生じた事情（未分割財産の分割，相続人の異動，遺留分侵害額請求による支払い，等）により，税額計算の基となった基本的な事実関係が変動することが少なくありません。そこで，相続税法では，後発的な事由に基づく申告，期限後申告，修正申告及び更正の請求の特則規定を置いて，相続税額の変更等に関する種々の手続を規定しています（相続税法30条，等）。

⑷　相続税の申告書の仕組み

　相続税の申告書の様式とその記載事項の主要なもの（記載例を含めたもの）は，次頁のとおりです。

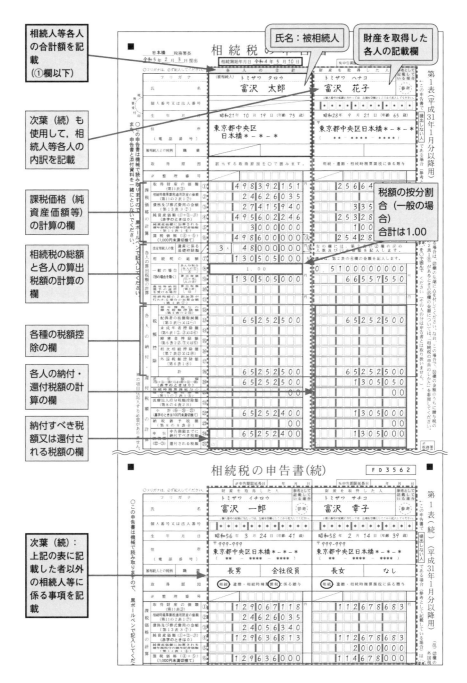

相続人等各人
の合計額を記載
（①欄以下）

次葉（続）も
使用して，相
続人等各人の
内訳を記載

課税価格（純
資産価額等）
の計算の欄

相続税の総額
と各人の算出
税額の計算の
欄

各種の税額控
除の欄

各人の納付・
還付税額の計
算の欄

納付すべき税
額又は還付さ
れる税額の欄

氏名：被相続人

財産を取得した
各人の記載欄

税額の按分割
合（一般の場
合）
合計は1.00

次葉（続）：
上記の表に記
載した者以外
の相続人等に
係る事項を記
載

126

※税額は，実際には，各人ごとに「相続税の速算式」により算出（122頁を参照）

相 続 税 の 総 額 の 計 算 書

被相続人　富沢　太郎

第2表（平成27年分以降用）

○この表を修正申告書の第2表として使用するときは，
　④欄には修正申告書第1表の⑩欄の⑥Ⓐの金額を記入し，
　⑧欄には修正申告書

○この表は，第1表及び第3表の「相続税の総額」の計算のために使用します。
　なお，被相続人から相続，遺贈や相続時精算課税に係る贈与によって財産を取得した人のうちに農業相続人がいない場合は，この表の⑨欄及び⑩欄並びに⑨欄から⑪欄までは記入する必要がありません。

第3表の①欄の⑥Ⓐの金額を第2表の⑥Ⓐの金額として使用します。

① 課税価格の合計額	② 遺産に係る基礎控除額	③ 課税遺産総額
（第1表⑥Ⓐ） 498,600,000円	3,000万円 + (600万円 × Ⓑの法定相続人の数 3人) = 4,800万円	(イ)−(ロ) 450,600,000円
（第3表⑥Ⓐ） ,000	Ⓑの人数及びⓒの金額を第1表Ⓔへ転記します。	(ハ)−(ロ) ,000

④ 法定相続人（（注）1参照）		⑤ 左の法定相続人に応じた法定相続分	第1表の「相続税の総額⑦」の計算		第3表の「相続税の総額⑦」の計算	
氏名	被相続人との続柄		⑥ 法定相続分に応ずる取得金額 (ハ×⑤)(1,000円未満切捨て)	⑦ 相続税の総額の基となる税額（下の「速算表」で計算します。）	⑨ 法定相続分に応ずる取得金額 (ハ×⑤)(1,000円未満切捨て)	⑩ 相続税の総額の基となる税額（下の「速算表」で計算します。）
富沢　花子	配偶者	1/2	225,300,000円	74,385,000円	円	円
富沢　一郎	長男	1/4	112,650,000	28,060,000	,000	
富沢　幸子	長女	1/4	112,650,000	28,060,000	,000	
			,000		,000	
			,000		,000	
			,000		,000	
			,000		,000	
			,000		,000	
法定相続人の数 Ⓐ 3		合計 1	⑧ 相続税の総額（⑦の合計額）(100円未満切捨て) 130,505,000円		⑪ 相続	

法定相続分の合計は「1」となる

※法定相続分によって課税遺産総額を按分し，税率を乗じて，「遺産の取得金額」と「税額」を算出

④ 法定相続人（（注）1参照）		⑤ 左の法定相続人に応じた法定相続分
氏名	被相続人との続柄	
富沢　花子	配偶者	1/2
富沢　一郎	長男	1/4
富沢　幸子	長女	1/4

（注）1　④欄の記入に当たっては，被相続人に養子がある場合や相続の放棄があった場合には……をご覧ください。
　　　2　⑧欄の金額を第1表⑦欄へ転記します。財産を取得した人のうちに農業相続人がいる……⑦欄へ転記するとともに，⑪欄の金額を第3表⑦欄へ転記します。

（出典）　国税庁「相続税の申告のしかた」を一部編集。

3　贈与税の詳細等

(1)　贈与税の納税義務者

　贈与税の納税義務者は，贈与により財産を取得した個人であり，その納税義務は，贈与により財産を取得した時に成立します。

　贈与税の納税義務者は，財産取得の時の住所，日本国籍の有無などにより，居住無制限納税義務者，非居住無制限納税義務者又は制限納税義務者に区分され，その区分に基づき贈与税の課税財産の範囲が異なります。また，人格のない社団等に対する贈与は，その財産の取得者を個人とみなして贈与税が課税される場合があります（相続税法1条の4，2条の2，66条）。

なお，納税義務者の区分や個人とみなされる納税義務者の取扱いは，相続税の場合とおおむね同様です（前記２の(1)を参照）。

(2)　贈与税の課税価格と税額
①　贈与税の課税原因
　贈与税は，贈与（死因贈与を除きます）により財産を取得した場合に，その取得という事実を課税原因としています（相続税法21条，等）。
　贈与とは，当事者の一方（贈与者）が自己の財産を無償で相手方（受贈者）に与える意思表示をし，相手方が受諾することによって成立する契約です（民法549条）。贈与は，財産権の無償移転という点で，相続や遺贈に類似しますが，相続や遺贈が被相続人（遺言者）の死亡という事実の発生によってその効力が生ずるのに対し，贈与は，当事者間の契約によりその効力が生ずる点で，両者は異なっています。
　また，贈与は，必ずしも書面によることを要しませんが，書面による贈与は，これを撤回することができないのに対し，書面によらない贈与は，既に履行した部分を除き，各当事者は，いつでも撤回することができることとされ（民法550条），書面による贈与と口頭による贈与とはその法的取扱いを異にしています。さらに，第三者の権利を害する場合以外は，夫婦間の契約は，婚姻中は夫婦の一方からいつでも取り消すことができることとされています（民法754条）。

②　贈与税の課税財産と非課税財産
イ　課税財産
　贈与税の課税財産は，贈与税が相続税の補完税であることから，相続税における本来の相続財産と同じ範囲に属するものとなります。財産とは，金銭で見積もることができる経済的価値のあるすべてのものをいい，ⅰ）土地，建物等の所有権などの物権，ⅱ）貸付金，売掛金などの債権，ⅲ）著作権，商標権などの無体財産権のほか，ⅳ）信託受益権など法律の根拠を有する権利及びⅴ）営業権のような法律の根拠を有しないものであっても経済的価値の認められるものが含まれます（相続税法21条の２，等）。
　また，相続税と同様，法律的にみて贈与により取得したものではない財産で

あっても，実質的に贈与により取得した場合と同様の経済的効果を持つ財産については，課税の公平を図る観点から，贈与により取得したものとみなして贈与税の課税対象とされています。

ロ　非課税財産

贈与税についても，相続税の場合と同様に公益性や社会政策的見地あるいは国民感情の考慮等の観点から，贈与税の課税対象から除外することが相当と認められる次のような財産は，贈与税の課税価格に算入しません。この課税価格に算入しない財産を非課税財産といいます（相続税法21条の3，租税特別措置法70条の2，等）。

贈 与 税 の 非 課 税 財 産 の 例 示
ⅰ）法人からの贈与（ただし，所得税が課税されます）
ⅱ）扶養義務者間の通常必要とする生活費又は教育費
ⅲ）公益事業を行う者が公益事業の用に供するために贈与により取得した財産
ⅳ）特定公益信託で財務大臣の指定するものから交付される公益性の高い金品
ⅴ）地方公共団体の条例による心身障害者共済制度に基づいて支給される給付金を受ける権利
ⅵ）公職選挙法の適用を受ける公職の候補者が選挙運動に関し贈与を受けた金品で，同法の規定により報告がされたもの
ⅶ）特別障害者が特別障害者扶養信託契約に基づいて受ける信託受益権
ⅷ）相続又は遺贈により財産を取得した者が相続開始の年に取得した被相続人からの贈与財産（ただし，相続税の課税価格に算入します）
ⅸ）認定医療法人の持分を有する個人がその持分につき一定の放棄をしたことにより，その認定医療法人が受けた経済的利益
ⅹ）社交上の香典や贈答品等で社会通念上相当と認められるもの
ⅺ）直系尊属からの住宅資金，教育資金，結婚・子育て資金の一定金額以下の贈与

③　贈与税の課税価格の計算

贈与税の課税価格は，その年の1月1日から12月31日までの1年間に贈与により取得した財産及び贈与により取得したものとみなされる財産の価額の合計額となります（相続税法21条の2）。

課税価格の計算は，納税義務者の区分に応じて，原則として次のようになっています。

ⅰ　居住無制限納税義務者及び非居住無制限納税義務者の課税価格

→　その年中に贈与により取得した財産の価額の合計額

ⅱ 制限納税義務者の課税価格

→ その年中に贈与により取得した国内にある財産の価額の合計額

④ 贈与税の税額の計算

贈与税の税額は，課税価格から贈与税の「基礎控除」及び「配偶者控除」を控除した後の金額に超過累進税率を乗じて，納付すべき税額を計算します（相続税法21条の5〜21条の8，租税特別措置法70条の2の4，等）。

なお，納付すべき税額の算出に当たっては，贈与税の税額控除として，国外財産に対する贈与税額の控除（外国税額控除）があります。

課税価格の計算と贈与税の納付税額の計算過程を示すと，次のとおりです。

課税価格の計算	課税価格＝本来の贈与財産＋みなし贈与財産
贈与税額の計算	納付すべき贈与税額 ＝ { 贈与された財産の合計額 － 配偶者控除額 － 基礎控除額 } ×税率－外国税額控除
	(注) 暦年課税における贈与税の基礎控除額は110万円であり，贈与税の配偶者控除は，配偶者の老後の生活保障を意図して贈与される場合が多いことなどを考慮し，居住用不動産等につき最高2,000万円となっています。

⑤ 贈与税の税率と税額の計算

贈与税の税率は，超過累進税率となっています。贈与税額は，具体的には，贈与税の基礎控除及び配偶者控除の控除後の課税価格に対して，超過累進税率を基礎とした次頁表の「相続税の速算表」によって算出します（相続税法21条の7，租税特別措置法70条の2の5）。

【図表】 税額算出の概要

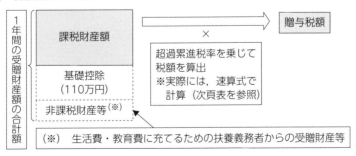

130

■速算表（一般贈与財産用）

基礎控除後の課税価格	2,000千円以下	3,000千円以下	4,000千円以下	6,000千円以下	10,000千円以下	15,000千円以下	30,000千円以下	30,000千円超
一般税率	10%	15%	20%	30%	40%	45%	50%	55%
控除額(一般税率)	－	100千円	250千円	650千円	1,250千円	1,750千円	2,500千円	4,000千円

■速算表（特例贈与財産用）

基礎控除後の課税価格	2,000千円以下	4,000千円以下	6,000千円以下	10,000千円以下	15,000千円以下	30,000千円以下	45,000千円以下	45,000千円超
特例税率	10%	15%	20%	30%	40%	45%	50%	55%
控除額(特例税率)	－	100千円	300千円	900千円	1,900千円	2,650千円	4,150千円	6,400千円

（注）　例えば，特例贈与財産用の資産の贈与のみで，基礎控除額控除後の課税価格が3,900千円である場合の税額は，次のようになります。

　　　税額＝3,900千円×15％－100千円＝485千円

　上記の速算表のとおり，贈与税の税率は，相続税の税率（122頁を参照）に比べて極めて高い税率となっています。

　また，特例贈与財産用の表は，直系尊属からの贈与により財産を取得した受贈者（財産の贈与を受けた年の1月1日において18歳以上の者に限ります）の贈与財産について適用する優遇税率の表となっています（租税特別措置法74条の2の5）。

(3)　贈与税の申告

　贈与税には，納税者の申告により納付すべき税額が確定する申告納税制度が採用されています。

　その年の1月1日から12月31日までの1年間に贈与によって財産を取得した者等で，次に該当する者は，その年の翌年2月1日から3月15日までの間に，贈与により財産を取得した者の納税地である住所地等の所轄税務署長に贈与税の申告書を提出しなければなりません（相続税法28条，等）。

ⅰ）暦年課税の適用を受けるその年分の贈与税の課税価格について，110万円の基礎控除額を控除し，贈与税の税率を適用して算出した税額から国外財産に対する贈与税額の控除をしても，納付すべき贈与税額がある者

ⅱ）相続時精算課税の適用を受ける財産を取得した者

（注）　相続時精算課税の適用を受ける基礎控除額控除後の財産については，課税価

格が特別控除額以下であっても申告書の提出を要することになっています。

(4) 贈与税の申告書の仕組み

一般的な贈与税の申告書（記載例を含みます）は，次のとおりです。

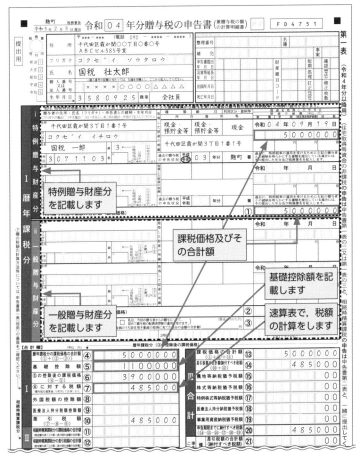

（出典）　国税庁「贈与税の申告のしかた」を一部編集。

4　相続時精算課税制度

(1) 制度の創設と目的

国民の高齢化の進展に伴い，相続による次世代への資産移転の時期が従来よ

贈 与 税 の 計 算 方 法 等 の 概 要

　財産の贈与（法人からの贈与を除きます）を受けた個人は，その贈与を受けた財産について，次の①又は②のケースに応じて贈与税の申告をしなければなりません。
① 暦年課税を適用する場合には，その贈与を受けた財産の価額の合計額が基礎控除額（110万円）を超えるとき
② 相続時精算課税を適用するとき
　※相続時精算課税を適用できる場合（原則）
　　・贈与者→60歳以上の者（父母や祖父母など）
　　・受贈者→18歳以上で，かつ，贈与者の直系卑属（子や孫など）である推定相続人又は孫

相続時精算課税を

適用する　　　　　　　　　　適用しない

相続時精算課税　　　　　　　　　**暦年課税**

【贈 与 税】

① 贈与財産の価額（各年の基礎控除額110万円の控除後の金額）から控除する金額
　特別控除額2,500万円（又は前年までに既に使用した特別控除額を控除した残額）
② 税　率
　特別控除額を超えた部分に対して，一率20％の税率を適用して計算します。
※「相続時精算課税」を選択すると，その選択した贈与者からの贈与財産は，以後，すべて「相続時精算課税」が適用されます。

【贈 与 税】

① 贈与財産の価額から控除する金額
　基礎控除額　毎年110万円
② 税　率
　基礎控除後の課税価格に対して，贈与者と受贈者との続柄及び受贈者の年齢に応じ，「一般税率」又は「特例税率」を適用して計算します。
※直系尊属である贈与者から財産の贈与を受け，かつ，受贈者が贈与の年の1月1日において，18歳以上である場合には，「特例税率」を適用して計算します。

相 続 時 に 精 算

【相続税】

　贈与者が亡くなった時の相続税の計算上，相続財産の価額に相続時精算課税を適用した贈与財産の価額(原則として贈与時の時価)を加算して相続税額を計算します。
　その際，既に納付した贈与税相当額を相続税額から控除します。なお，控除しきれない金額は還付されます。

【相続税】

　贈与者が亡くなった時の相続税の計算上，原則として，相続財産の価額に贈与財産の価額を加算する必要はありません。
　ただし，相続開始前3年以内（2024年1月1日以後の贈与分は7年以内）に贈与を受けた財産の価額（原則として贈与時の時価）は加算しなければなりません。その際，既に納付した贈与税相当額を相続税額から控除します。なお，控除しきれない金額は還付されません。

（注）　暦年課税の場合の税額の速算表は，前記3の⑤の表となります。
（出典）　国税庁「贈与税の申告のしかた」を一部編集。

りも大幅に遅れてきていることや，高齢者の保有する資産の有効活用を通じて経済社会の活性化に資するといった社会的要請等も踏まえ，生前における贈与による資産移転の円滑化に資することを目的として，2003年度（平成15年度）税制改正において創設された制度が，相続時精算課税制度です。

(2) 制度の概要

　相続時精算課税制度は，納税者の選択により，暦年単位による贈与税の課税に代えて，贈与時には本制度による贈与税額（財産価格から累積2,500万円の特別控除額と2024年（令和6年）以後の各年の基礎控除額110万円との合計額を控除した後の金額に，一律20％の税率を乗じて算出する税額）をいったん納付し，その後，相続開始時には，本制度を適用した受贈財産の価額と相続又は遺贈により取得した財産の価額の合計額を課税価格として計算した相続税額から既に納付した本制度による贈与税額を控除した金額を最終的な納付税額とし，贈与と相続（贈与税と相続税）を通算して納税をするというものです（相続税法21条の9〜21条の18，租税特別措置法70条の2の6，70条の2の7，70条の3の2，70条の3の3）。

5　税金の納付と延納・物納（納付に関する特殊な制度）

　税金は，各納税義務者が納付期限内に金銭をもって一時に納付することを原則としていますが，相続税や贈与税は，財産に対してその価額を課税標準として課税するものであるため，一時に納付することが困難である場合が考えられます。そこで相続税と贈与税には，連帯納付義務，延納制度及び納税猶予の特例が，さらに相続税には，金銭納付の例外としての物納制度の各制度が設けられています。

(1) 連帯納付義務

　相続税及び贈与税は，相続又は贈与により取得した財産に課税する財産税であるため，財産の取得者にとっては，金銭納付が必ずしも容易ではありません。一方，国にとっても租税債権を確保しやすくする必要があるため，次のような連帯納付義務が設けられています（相続税法34条）。

ⅰ）相続人又は受遺者が 2 人以上ある場合の連帯納付義務

ⅱ）被相続人が納付すべき相続税又は贈与税の連帯納付義務

ⅲ）贈与，遺贈又は寄附行為により財産を取得した者の連帯納付義務

ⅳ）財産を贈与した者の連帯納付義務

（注）　2012年（平成24年）4 月 1 日以後に申告期限が到来する場合で，(イ)申告期限
　　　から 5 年を経過した場合，(ロ)延納の許可を受けた場合及び(ハ)農地等に対する相
　　　続税の納税猶予などの一定の納税猶予の適用を受けた場合の相続税については，
　　　連帯納付義務を負わないこととされています。

(2)　延納と納税猶予の特例

　相続税又は贈与税については，その特殊性に鑑み，納期限まで又は納付すべ
き日までに金銭で納付することを困難とする事由がある場合には，納税義務者
の申請により，原則として 5 年以内の年賦延納が認められています（相続税法
38条）。また，同様の趣旨から，納税猶予と一定の納税猶予期間経過後の納税
免税の制度として，「農地等に対する贈与税及び相続税の納税猶予及び免除」，
「特定美術品についての相続税の納税猶予及び免除」，「個人版の事業承継税制」，
「法人版の特例事業承継税制」，などといった制度も設けられています（租税特
別措置法70条の 4，70条の 6，70条の 7 の 5，等）。

(3)　相続税の物納

　物納制度は，相続税だけに設けられている制度です。

　相続税の課税財産には，換金しにくい土地や家屋などもあり，延納の許可を
受けてもその延納期間内に完納することができない場合も予測されることから，
この制度が設けられています。すなわち，申告による納付税額又は更正，決定
による納付税額を金銭で納付することを困難とする事由がある場合には，その
納付を困難とする金額を限度として相続財産による物納を申請することができ
ることになっています（相続税法41条）。

6 財産の評価

相続税及び贈与税の課税財産は，相続，遺贈又は贈与により無償で取得した財産であるため，その課税価格の計算に当たっては，その取得した財産の評価が必要となります。

相続税法では，財産の評価に関して，地上権，永小作権，配偶者居住権，定期金に関する権利等の財産についてはその方法が規定されていますが，その他の財産の評価については，「時価」による（相続税法22条）旨だけが規定され，「時価」の内容は専ら法律の解釈事項とされています。

(1) 評価の原則

財産の評価に関しては，概念的には，その財産の取得価額による原価主義と，相続又は贈与の時の時価による時価主義の2つの方法が考えられますが，相続税法では，時価主義を基本原則としています。

これは，相続税又は贈与税のような財産課税にあっては，相続又は贈与などにより取得した財産を，その取得時の時価により評価することが，納税者の側からみて最も共通的な課税標準の判断基準として受け入れやすく，評価基準としても最も一般性，普遍性を持つ尺度といえるからです。

なお，相続税法では，地上権，永小作権，配偶者居住権などの特定の財産以外の財産については，法文において具体的な評価方法を定めていないために，課税実務上は，法令解釈通達である「財産評価基本通達」に基づいて評価をすることとしています。これは，相続等により取得した財産のすべての時価（客観的交換価値を示す価額）は必ずしも一義的に確定するものではないために，財産評価の一般的な基準を基本通達で定めて，その定めた評価方法を画一的に適用することによって形式的な平等を確保することとしているためです。

そのため，課税実務上は，この通達による評価では租税負担の平等を著しく害することが明らかであるといった特別の事情がある例外的な場合を除いて，基本的にこの基本通達に定めた評価方法によって評価をするものとしています。なお，この評価実務は，納税者間の公平や効率的な租税行政の実現等に資する合理的なものであるとされています。

⑵　法定評価

　相続税法は，第3章に「財産の評価」に関する一章をおき，22条には「評価の原則」，23条から26条の2までには「法定評価」（地上権，永小作権，配偶者居住権等，定期金に関する権利及び立木の評価方法）について次のようにその評価額を規定しています。

項　目	内　　　　　容
地上権及び永小作権	地上権（借地借家法に規定する借地権又は区分地上権に該当するものを除きます）及び永小作権の価額は，その目的となっている土地にこれらの権利が設定されていないとした場合の時価に残存期間に応じた5％から90％の割合を乗じて計算した金額
配偶者居住権等	配偶者居住権及びこれに関連する資産の価額は，次の区分ごとにそれぞれ定められた次の方法により算出した金額 ⅰ）配偶者居住権 　建物の時価（A）－（A）× $\dfrac{（残存耐用年数－存続年数）}{残存耐用年数}$ 　　×存続年数に応じた法定利率による複利現価 ⅱ）配偶者居住権が設定された居住建物の所有権 　　建物の時価－配偶者居住権の価額（ⅰ） ⅲ）配偶者居住権に基づく居住建物の敷地利用権 　土地等の時価（B）－（B）× 存続年数に応じた法定利率による複利現価率 ⅳ）居住建物の敷地の所有権等 　　土地等の時価－居住建物の敷地利用権（ⅲ）
定期金に関する権利	定期金に関する権利とは，契約によりある期間定期的に金銭その他の給付を受けることを目的とする債権であり，その価額は，その権利を取得した時において，その給付事由が発生しているかどうかに応じて，次のとおり区分して評価した金額 ⅰ）給付事由が発生している定期金に関する権利については，⒜解約返戻金相当額，⒝定期金に代えて一時金の給付を受けることができる場合におけるその一時金相当額及び⒞予定利率等を基に計算した年金現価の金額のうち，いずれか多い金額 ⅱ）給付事由が発生していない定期金に関する権利については，原則として，解約返戻金相当額
立木の評価についての特例	相続又は遺贈（包括受遺者及び被相続人からの相続人に対する遺贈に限ります）により取得した立木は，立木の時価の85％相当額

(3) 法定評価以外の時価評価の方法

　相続税及び贈与税の課税対象となる財産は，土地，家屋などの不動産をはじめとして，動産，有価証券など多種多様であり，これら各種の財産の時価を的確に把握することは容易なことではありません。そのため，前述のとおり，国税庁は，財産の評価方法について財産評価基本通達を定め，また，毎年，基準となる土地の価額（路線価）などの財産評価基準を定めて，全国で統一的な取扱いをしています。

① 時価評価の基本的な考え方

　財産評価基本通達においては，相続税法22条に規定する時価に関し，「時価とは，課税時期において，それぞれの財産の現況に応じ，不特定多数の当事者間で自由な取引が行われる場合に通常成立すると認められる価額をいう」としています。また，財産評価基本通達で定めているそれぞれの個別評価において採用している主な共通原則は，次のとおりです。

項　　　目	内　　　　　容
個別評価の原則	財産の価額は，個々の評価単位ごとに評価し，その評価額の合計額をもってその財産の価額とすることを原則とする。
客観的な各種影響の加味	財産の価額は，それぞれの財産の現況に応じて評価した価額によるが，その評価に当たっては，その財産の価額に影響を及ぼすべきすべての事情を考慮する。
共有財産の持分	共有財産の持分の価額は，その財産の価額をその共有者の持分に応じて按分した価額によって評価する。
区分所有されている財産	区分所有されている財産の各部分の価額は，その財産の価額を基とし，各部分の使用収益などの状況を勘案して計算した各部分に対応する価額により評価する。
元物と果実	天然果実の価額は，元物の価額に含めて評価し，法定果実の価額は，元物とは別に評価することを原則とする。
邦貨換算	外貨建てによる財産及び国外にある財産の邦貨換算（円換算）は，納税者の取引金融機関が公表する課税時期における最終の為替相場によることを原則とする。
基準年利率	財産の評価において適用する年利率は，年数又は期間に応じ，日本証券業協会において売買参考統計値が公表される利付国債に係る複利利回りを基に計算した年利率（基準年利率）による。その基準年利率の具体

	的な数値は，短期（3年未満），中期（3年以上7年未満）及び長期（7年以上）に区分し，四半期ごとに3か月分をまとめて国税庁が個別通達により定める。

②　主な財産の評価方法

　財産評価基本通達で定められている評価方法をみると，マーケットアプローチ（例：売買実例価額法），コストアプローチ（例：再建築価額法）及びインカムアプローチ（例：DCF法）によるものに大別することができます。

　なお，同通達で採用している評価方法とこれらの評価方法を適用する主な財産の種類を掲げると次表のとおりです。

■主な評価方法と適用する主な財産の概要

評　価　方　法　の　種　類			左の評価方法により評価する主な財産
売買実例価額による方法	同種の財産の売買実例価額を直接時価とする方法		上場株式，気配相場のある株式，証券投資信託の受益証券等
	類似財産の売買実例価額を基として評価する方法	類似財産の売買実例価額を基とし，精通者意見価格等を参酌して評価額を求める方法	路線価方式又は倍率方式により評価する宅地，標準伐期にある立木，血統書付牛馬，書画骨とう等
		類似財産の売買実例価額に比準して評価する方法	類似業種比準方式により評価する大会社の株式
調達価額又は取得価額による方法			一般動産，庭園設備等
再建築価額等を基とする方法			構築物，一般動産等
販売価額を基礎とする方法			商品，製品，半製品等
仕入価額を基礎とする方法			原材料，半製品，仕掛品等
投下資本を基とする方法			建築中の家屋，造成中の宅地，幼齢樹等
複利現価による方法			特許権，実用新案権，意匠権，商標権等
複利年金現価による方法			営業権，著作権等
収益（配当）還元による方法			同族株主以外の株主等が取得した株式
その他の方法			預貯金，貸付金，受取手形，船舶

（注）1　宅地の価額については，評価単位ごとに，財産評価基準書に定められた評価方式（路線価方式又は倍率方式）によって評価します。
　　　2　家屋の価額については，原則として，固定資産税評価額（都税事務所や市（区）役所又は町村役場で確認）により評価します。

第5章

間接税（各国税）の詳細

1　間接税の概要等

　租税の分類の1つとして「直接税と間接税」という区分があります。

　直接税は，納税義務者と担税者が一致することが法律上予定されているのに対し，間接税は，納税義務者である事業者が，商品の販売などを通じて税額相当分を商品の価格に織り込み（上乗せし），実際に商品を購入し消費する者に税を負担させること（税の転嫁）が法律上予定されているものです。このように，税の転嫁が予定されており，納税義務者と担税者が一致しないところに，間接税の特色があるといえます。

　間接税は，財・サービスの消費・流通に対して課税することとしており，消費の大きさが等しければ，等しい負担を課することとなるため，税負担の「水平的公平」を図る上で優れた機能があります。しかし，所得水準に応じた累進的な負担が求めにくいという問題もあります。

　現在，我が国で定められている主要な間接税（国税）は，次頁表のとおりです。

■間接税等の区分と課税対象・納税義務者・担税者

区　分		課税対象	納　税　義　務　者	担　税　者
消 費 税	消費税^(※)	課税資産の譲渡等	課税資産の譲渡等を行った事業者	一般消費者
	酒税	酒類	1　酒類の製造者 2　酒類を保税地域から引き取る者	酒類の消費者
	揮発油税・地方揮発油税	揮発油	1　揮発油の製造者 2　揮発油を保税地域から引き取る者	揮発油の消費者
	石油ガス税	石油ガス（ただし，自動車用の容器に充てんされたものに限ります）	1　石油ガスの充てん者 2　自動車用容器に充てんされた石油ガスを保税地域から引き取る者	石油ガスの消費者（自動車用燃料）
	航空機燃料税	航空機に燃料として積み込まれる炭化水素油	1　航空機の所有者 2　航空機の使用者 3　発動機の整備又は試運転を行う者	航空機燃料の消費者
	石油石炭税	原油，輸入石油製品，ガス状炭化水素，石炭	1　原油等の採取者 2　原油・石油製品等を保税地域から引き取る者	原油・石油製品等の消費者
	電源開発促進税	販売電気	一般送配電事業者	電気の消費者
	たばこ税・たばこ特別税	製造たばこ	1　製造たばこの製造者 2　製造たばこを保税地域から引き取る者	製造たばこの消費者
流 通 税 等	印紙税	別表に掲げる課税文書（174頁参照）	課税文書の作成者	課税文書の作成者
	登録免許税	国による登記等	登記等を受ける者	登記等を受ける者
	自動車重量税	1　検査自動車 2　届出軽自動車	1　自動車検査証の交付を受ける者 2　車両番号の指定を受ける者	自動車の使用者
	国際観光旅客税	国際船舶等による本邦からの出国	国際観光旅客等	国際観光旅客等

■間接税等の区分と課税標準，税率構造等

区　分		課税標準	税率構造	納税義務の成立	確定方法等
消費税	消費税^(※)	課税資産の譲渡等の対価の額	従価税	課税資産の譲渡等を行った時	申告納税
	酒税	酒類の数量	従量税	1　製造場からの移出の時 2　保税地域からの引取りの時	申告納税
	揮発油税・地方揮発油税	揮発油の数量	従量税	1　製造場からの移出の時 2　保税地域からの引取りの時	申告納税
	石油ガス税	石油ガスの重量	従量税	1　石油ガス充てん場からの移出の時 2　保税地域からの引取りの時	申告納税
	航空機燃料税	航空機燃料の数量	従量税	航空機燃料の航空機への積込み又は消費の時	申告納税
	石油石炭税	原油等の数量	従量税	1　（国産品） 　採取場からの移出の時 2　（輸入品） 　保税地域からの引取りの時	申告納税
	電源開発促進税	販売電気の電気量	従量税	販売電気の料金の支払を受ける権利の確定の時	申告納税
	たばこ税・たばこ特別税	たばこの本数	従量税	1　製造場からの移出の時 2　保税地域からの引取りの時	申告納税
流通税等	印紙税	作成した文書の数量	定額税又は階級定額税	課税文書を作成した時	1　印紙納付（例外：現金納付） 2　申告納税
	登録免許税	登記等の種類ごとに法定（価額，個数，件数等）	定率税又は定額税	登記等の時	原則，現金納付（領収証書を申請書に貼付）
	自動車重量税	検査自動車及び届出軽自動車の数量	定額税又は階級定額税	1　検査証の交付を受ける時 2　車両番号の指定を受ける時	自動車重量税印紙による納付（例外：現金納付）
	国際観光旅客税	本邦からの出国1回	定額（1,000円）	本邦からの出国時	特別徴収

（※）　上記2つの表の消費税は，リバースチャージ方式のものを除きます（②の【参考】（二）を参照）。

② 消費税の詳細

1　消費税の概要

　消費税は,「消費」に対して,広く,薄く負担を求めることとしており,医療,福祉,教育などの一部の非課税取引を除いて,国内で行われるほとんどすべての物の販売・譲渡,サービスの提供等（保税地域からの外国貨物の引取りを含みます）を課税の対象としています。

　なお,消費税は,取引の各段階でそれぞれの取引金額に対して7.8％又は6.24％（地方消費税は2.2％又は1.76％。合計で10％又は8％）の税率で課税する間接税であり,多段階課税方式を採用しています。

　また,販売物品・サービス等の価格に上乗せされて,製造から卸へ,卸から小売へ,小売から消費者へと順次転嫁されていくことによって,物品の購入・サービスの提供等を通じて最終的にはすべて消費者が実質的な負担をすることを予定している間接税です。加えて,生産,流通等の各段階で重複して課税されることがないよう,売上に対する消費税額から仕入等に対する消費税額を控除する前段階税額控除方式も採用しています。消費税の基本的な流れと仕組みは,次のとおりです。

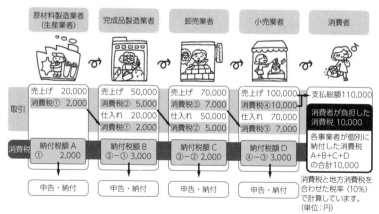

（注）　消費税の国境税調整については,後述の輸出入取引の取扱いを参照のこと。
（出典）　国税庁「消費税のあらまし」を一部編集。

なお，消費税の基本項目に関する概要は，次表のとおりです（消費税法4条〜6条，19条，29条，45条，別表第二・二の二，等）。

■消費税の基本項目の概要

区　分		内　　容
課税の対象	国内取引	国内において事業者が事業として対価を得て行う資産の譲渡，資産の貸付け，役務の提供
	輸入取引	保税地域から引き取られる外国貨物
免税とされる取引		輸出取引及び輸出に類似した取引 （注）　輸出して外国で消費されるものや輸出に類似する取引については，消費税を免除することとしています。また，外国人旅行者（非居住者）などの免税購入対象者に対する輸出物品販売場（免税店）制度も設けられています。
非課税とされる取引		消費税の性格上課税になじまないもの，社会政策的配慮によるものなどについて，国内取引は13項目，外国貨物は7項目 《非課税とされる国内取引の例》
	税の性格から課税対象とすることになじまないもの	・土地の譲渡，土地の貸付け ・有価証券，支払手段，暗号資産の譲渡等 ・利子を対価とする金銭の貸付け等 ・郵便切手，印紙等の譲渡 ・商品券，プリペイドカード等の譲渡 ・住民票の交付などの行政サービス手数料等 ・外国為替等
	社会政策的配慮に基づくもの	・社会保険医療等 ・介護保険法に基づく居宅サービス等 ・社会福祉事業等 ・助産 ・埋葬料，火葬料， ・身体障害者用物品の譲渡等 ・授業料，入学料等 ・教科用図書の譲渡 ・住宅の貸付け
		《非課税とされる外国貨物の例》 ・有価証券等，郵便切手類，印紙，証紙，物品切手等，身体障害者用物品，教科用図書
納税義務者	国内取引	事業者
	輸入取引	保税地域から課税貨物を引き取る者
課税期間（原則）	個人事業者	その年の1月1日から12月31日までの期間（暦年）
	法人	事業年度

税　率	7.8% （注）　地方消費税の税率は消費税額の22／78（消費税率換算で2.2％相当）とされていることから，消費税と地方消費税を合わせた税率は10％となる。
納付税額の計算（原則的な計算）	納付税額 ＝課税売上高（税抜き）×7.8％－課税仕入高（税抜き）×7.8％

（注）1　2019年（令和元年）10月1日から，飲食料品等に対しては，消費税（6.24％）と地方消費税（1.76％）とを合わせて8％とする軽減税率（二段階税率）が導入されていますが，本書においては，便宜上，10％の税率を基本とした内容で説明しています（8％の軽減税率制度及び経過的措置の概要については，159頁を参照）。

　　　2　2015年度（平成27年度）の税制改正により，特定課税仕入れ（課税仕入れのうち，事業者として他の者から受けた芸能・スポーツ等に係る特定役務の提供及び事業者向け電気通信役務の提供）に該当するものについては，役務提供を受けた事業者が納税義務者となる，いわゆるリバースチャージ方式による課税制度が導入されています（内容は165頁を参照）。

　　　3　国若しくは地方公共団体，消費税法別表第三に掲げる法人又は人格のない社団等については，その特殊性に鑑み，ⅰ）国等の一般会計の課税除外，ⅱ）事業単位の課税の特例，ⅲ）資産の譲渡等の時期の特例，ⅳ）仕入税額控除の特例，ⅴ）申告期限の特例，のような特例措置が講じられています（消費税法60条）。

　以上の消費税の「課税の対象」と「取引」との関係の概要を図示すると，次のようになります。

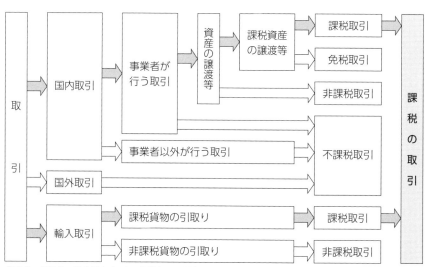

（注）1　「資産の譲渡等」とは，事業として対価を得て行われる資産の譲渡，資産の貸付け及び役務の提供をいいます。

　　　2　「課税資産の譲渡等」とは，資産の譲渡等のうち，消費税を課さないこととされるもの（非課税取引）以外のものをいいます。

2 課税物件

(1) 課税対象と取引の区分

消費税の「課税の対象」は，国内において事業者が行った資産の譲渡等（国内取引）及び保税地域からの外国貨物の引取り（輸入取引）に限られます（消費税法2条，4条，5条～8条，等）。したがって，国外で行われた取引や，国内における取引であっても事業者以外の者が行った取引は課税の対象になりません（この課税対象外の取引を「不課税取引」といいます）。

なお，課税の対象となるものでも一定の取引については非課税取引又は免税取引とされ，消費税が課税されなかったり，免除されたりします。

(2) 課税対象となる国内取引

消費税の課税の対象となる国内取引は，次に掲げる i ）から iv ）までのすべての要件を満たす取引です。

i) 国内において行う取引（国内取引）であること

ii) 事業者が事業として行うものであること

(注) 「事業」とは，同種の行為を独立の立場で反復・継続して行うことであり，「事業者が事業として」とは，事業者が，資産の譲渡，資産の貸付け及び役務の提供を反復，継続，かつ，独立して行うことをいいます。なお，法人が行う取引は，そのすべてが「事業として」に該当することとなりますが，個人事業者は，事業者の立場と消費者の立場を兼ね備えており，そのうち「事業者として」の取引のみが課税の対象となります。

iii) 対価を得て行うものであること

iv) 資産の譲渡，資産の貸付け又は役務の提供であること

(注) 「役務の提供」とは，請負契約，運送契約などにより，労務，便益，その他のサービスを提供することをいいます。

(3) 課税対象となる輸入取引

輸入取引に係る消費税の課税の対象は，保税地域からの外国貨物の引取りです。

外国から輸入されて国内で消費される資産については，国内取引における消

費税の転嫁を通じた価格形成プロセスとのバランス上，輸入の際に課税をして同様の価格形成が維持されるように調整をすることとしています（「消費地課税主義」）。そこで，保税地域から引き取られる外国貨物については，事業者（免税事業者を含みます）として輸入する他，消費者たる地位（個人）で輸入する場合，無償で輸入する場合も課税の対象となります。

　なお，課税貨物の引取りに係る消費税の徴収は，「輸入品に対する内国消費税の徴収等に関する法律」に基づいて，税関（財務省の外局）で行われます。
（注）　次の(4)とを併せて「消費税の国境税調整」といいます。

(4)　免税取引

　免税とは，一定の要件を満たした場合に，資産の譲渡等について課税されるべき消費税を免除することをいい，この消費税が免除される取引のことを免税取引といいます（主に，輸出取引がこれに該当します）。

　消費税は，国内において消費される財貨やサービスに対して税負担を求めることとしている（これを「消費地課税主義」又は「仕向地課税主義」といいます）ことから，輸出して外国で消費されるもの等については，その取引を免税取引とすることによってその取引価格を消費税抜きの価格に修正調整し，消費税が転嫁されていない状態で国外への移出等を行うことにしています。

（参考）　輸出業者への消費税還付

　　　輸出業者等は，輸出免税取引に対応する仕入れ等の国内取引（課税仕入れ等）によって支払った消費税額を仕入税額控除（後述の5(3)を参照）の対象とすることによって，通常，その国内取引に係る消費税額相当額の還付等を受けることになります。

3　納税義務者と納税義務の成立

(1)　納税義務者

　消費税は，商品の販売，資産の貸付け，サービスの提供及び保税地域からの外国貨物の引取りに対して課税されますが，この消費税を国に納める義務のある者，すなわち，納税義務者は，次のとおりです（消費税法2条，3条，5条）。

区　分	内　　容
国内取引の納税義務者	国内取引の納税義務者は，国内において課税資産の譲渡等を行った事業者です。 　この場合の「事業者」とは，「個人事業者」及び「法人」をいい，国，地方公共団体，公共法人，公益法人等，人格のない社団等（以下「国等」といいます）も含まれます。 　また，事業者であれば，国内に住所又は居所を有しているか否かを問わず，いかなる事業者であっても，国内において課税の対象となる取引を行う限り，納税義務者となります。 　なお，給与所得者が行う役務の提供は，事業による役務の提供ではなく，消費税の納税義務は生じません。
輸入取引の納税義務者	輸入取引の納税義務者は，課税貨物を保税地域から引き取る者です。 　国内取引については，事業者のみが納税義務者となりますが，輸入取引については，事業者のほか消費者個人が輸入者となる場合も納税義務者となります。これは，消費者個人が直接物品を輸入した際に課税しなければ，国内取引の物品との間に不均衡が生じるからです。

(2)　小規模事業者の納税義務の免除

　納税義務者の例外的な措置として，小規模事業者の納税事務の負担に配慮してその課税期間の基準期間における課税売上高が1,000万円以下の事業者は，その課税期間の消費税の納税義務が免除されます。この事業者を「免税事業者」といいます（消費税法9条，9条の2，12条の2～12条の4）。

　ただし，免税事業者は課税事業者になることを選択することもでき，その旨の届出書（消費税課税事業者選択届出書）を所轄税務署長に提出した場合には，原則として，提出した日の属する課税期間の翌課税期間以後は課税事業者となります。

(参考)　消費税の基準期間等

　「基準期間」とは，納税義務の有無を判定する基準となる期間をいい，原則として，次の期間をいいます。

ⅰ）個人事業者は，その年の前々年

ⅱ）法人は，その事業年度の前々事業年度（その前々事業年度が1年未満である法人は，その事業年度開始の日の2年前の日の前日から同日以後1年を経過する日までの間に開始した各事業年度を合わせた期間）

　また，新規設立法人のうち資本金の額等が1,000万円以上であるものなどの特定の法人については，基準期間がない事業年度（課税期間）等に対する納税義務が免除されません。

⑶　納税義務の成立

①　国内取引

　国内取引の納税義務の成立の時期は，課税資産の譲渡等をした時となります。国内取引について，具体的な納税義務の成立時期の原則を，取引の態様に応じて例示すると，次のとおりです（国税通則法15条，等）。

取　引　の　態　様	成　立　時　期　（原則）
棚卸資産の販売 (委託販売等を除きます)	その引渡しがあった日
固定資産の譲渡 （工業所有権等を除きます）	その引渡しがあった日
工業所有権等の譲渡又は実施権の設定	その譲渡又は実施権の設定に関する契約の効力の発生の日
請　負 ・物の引渡しを要するもの ・物の引渡しを要しないもの	その目的物の全部を完成し相手方に引き渡した日 その約した役務の全部を完了した日
人的役務の提供 (請負を除きます)	その人的役務の提供を完了した日
資産の貸付け ・契約又は慣習により使用料等の支払日が定められているもの ・支払日が定められていないもの	その支払いを受けるべき日 その支払いを受けた日（請求があったときに支払うべきものとされているものにあっては，その請求日）

②　輸入取引

　輸入取引の納税義務の成立時期は，課税貨物を保税地域から引き取る時となります（国税通則法15条）。

4　課税標準と税率

　消費税の課税標準は，次のとおりです（消費税法28条）。

（※）1　輸入取引に係る個別消費税には，その課税貨物の保税地域からの引取りに係る酒税，たばこ税，揮発油税，石油ガス税，等があります。

　　 2　CIF（Cost Insurance and Freight：運賃保険料込み条件）価格とは，輸入港到着価格であり，商品価格に輸入港に到着するまでに要する通常の運賃，保険料が含まれます。

　また，消費税の税率は，7.8％の単一税率となっています（消費税法29条，等）。

　なお，このほかに地方消費税が国税の消費税額を課税標準として22／78（国税の消費税率2.2％相当）の税率で課されるので，消費税と地方消費税とを合わせた税率は10％となります。

（参考）　消費税の複数税率等

　　　現在，実務において適用される税率には，上記の10％（7.8％＋2.2％）のほかに，軽減税率の8％（6.24％＋1.76％），経過措置に基づき適用される特例的な旧税率の3％，5％（4％＋1％）及び8％（6.3％＋1.7％）があります。

5　課税標準額と納付税額

(1)　課税標準額及びそれに対する税額の計算

　消費税の課税標準額は，その課税期間中に国内で行った課税資産の譲渡等のうち，免税取引とされるものを除いたものの課税標準である金額の合計額です（消費税法45条，国税通則法118条，等）。

　また，課税標準額及び課税標準額に対する消費税額の具体的な計算は，所得税及び法人税の課税所得の計算に当たり事業者が選択した会計処理の方式に応じ，次の算式により行うこととなります。なお，この計算により算出された課税標準額に1,000円未満の端数があるときは，その端数を切り捨てます。

ⅰ）税込経理方式の場合

課税標準額	国内で行った課税資産の譲渡等の対価の額（税込価額）の合計額 ×（100÷110）
消費税額	課税標準額×7.8％

ⅱ）税抜経理方式の場合

課税標準額	｛国内で行った課税資産の譲渡等の対価の額（税抜価額）の合計額＋仮受消費税等の額｝×（100÷110）
消費税額	課税標準額×7.8%

⑵　納付税額の計算の概要

　消費税は，生産，流通，販売といった取引の各段階で課税され，最終的には消費者が負担することを予定しています。しかしながら，単に取引の都度その取引価額に対して一定税率で消費税を課税するだけでは税の累積をもたらし，消費者がその累積した税を過重に負担することになります。

　そこで，消費税ではこの税の累積を排除するため，課税標準額に対する消費税額から課税仕入れ等に係る消費税額（国内において行った課税仕入れ及び保税地域から引き取る課税貨物に係る消費税額をいいます）を控除する「前段階税額控除方式」を採用しており，このことを仕入税額控除といいます。

　また，課税売上げについて，値引きや貸倒れ等の一定の事実が生じた場合にも，税額調整を行うこととしています（消費税法30条，37条，38条，39条，等）。

　そのため，税額控除には次の３種類があることになります。

ⅰ）仕入税額控除

ⅱ）売上げに係る対価の返還等をした場合の税額控除

ⅲ）貸倒れに係る税額控除

　さらに，中小事業者の納税事務負担に配慮して，課税仕入れに係る消費税額を課税標準額に対する消費税額のみから計算することができる簡便法（簡易課税制度）も設けられています。

　このため，上記ⅰ）及びⅱ）を考慮した消費税の納付税額の一般的な計算の仕組みは，次のようになっています。

なお，具体的な消費税等の納付税額の計算（売上げに係る対価の返還等に係る消費税額等のない場合）は，次のようになります。

《消費税の納付税額の計算》

　　原則（一般：簡易課税方式以外）

　　　課税売上げに係る消費税額から課税仕入れ等に係る消費税額を控除して，納付する消費税額を計算します。

　　簡易課税

　　　課税売上げに係る消費税額に，事業に応じた一定の「みなし仕入率」を乗じた金額を課税仕入れ等に係る消費税額とみなして，納付する消費税額を計算します。

《消費税と地方消費税の納税額の計算》

国税の消費税額	+	地方消費税額 ［国税の消費税額 × (22÷78)］	=	納付税額

(3)　仕入税額控除

　事業者（免税事業者を除きます）は，上記(2)のように，課税仕入れ等の消費税額を課税仕入れ等の日の属する課税期間の課税標準額に対する消費税額から控除することになっています。

(参考)　課税仕入れ

　「課税仕入れ」とは，事業者が，事業として他の者から資産を譲り受け，もしくは借り受け，又は役務の提供（給与を対価とする役務の提供を除きます）を受けることをいいます（消費税法2条）。なお，「他の者」が事業として資産を譲り渡し，もしくは貸し付け，又は役務の提供をしたと仮定した場合に課税資産の譲渡等に該当することとなるもので，消費税が免除されるもの以外のものに限られます。また，「他の者」には，課税事業者に限らず，免税事業者や消費者も含まれます。

なお，特定複合観光施設のカジノ業務に係るものとして経理される僅少金額以外の消費税額は，仕入税額控除の対象とされません（租税特別措置法86条の6）。

⑷　仕入税額控除額の計算

　課税仕入れに係る消費税額のうち実際に控除できる税額（仕入税額控除額）は，次のような区分に応じて計算した金額です。

《仕入税額控除額の計算方法の具体的な区分》

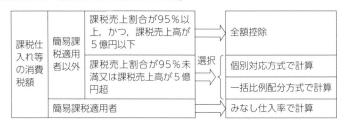

《簡易課税以外の仕入税額控除額の計算方法》

　消費税の仕入税額控除は，課税売上げに対応する課税仕入れ等に係る税額を控除するものであり，簡易課税以外の場合，課税売上割合を基礎に次のように控除額を算定します。

ⅰ）「課税売上高が95％以上」かつ「課税売上高が5億円以下」の場合

　　⇒　課税仕入れ等の税額の全額（いわゆる「95％ルール」）

ⅱ）「課税売上高が95％未満」又は「課税売上高が5億円超」の場合

　　⇒　課税売上割合に基づく次のいずれかの方式の按分計算により算出した金額

$$課税売上割合 = \frac{その課税期間中の国内における課税資産の譲渡等の対価の額の合計額}{その課税期間中の国内における資産の譲渡等の対価の額の合計額}$$

$$= \frac{課税売上げ（税抜き）＋免税売上げ}{課税売上げ（税抜き）＋非課税売上げ＋免税売上げ}$$

ａ）個別対応方式

課　税　期　間　中　の　課　税　仕　入　等　の　税　額		
課税売上げにのみ要するもの	課税・非課税に共通して要するもの（課税売上割合で按分）	非課税売上げにのみ要するもの
控　除　す　る　消　費　税　額	控　除　で　き　な　い　消　費　税　額	

b) 一括比例配分方式

課　税　期　間　中　の　課　税　仕　入　等　の　税　額	
（課　税　売　上　割　合　で　按　分）	
控　除　す　る　消　費　税　額	控　除　で　き　な　い　消　費　税　額

(5)　簡易課税制度

　簡易課税制度は，中小事業者の事務負担に配慮して設けられたもので，その課税期間の基準期間（前記3の(2)**(参考)** を参照）における課税売上高が5,000万円以下の事業者が，課税売上高を基に仕入控除税額を計算する簡易な方式です。

　簡易課税制度の適用を受けた場合は，次の算式により計算した金額を仕入控除税額とみなして，その課税期間の課税標準額に対する消費税額から控除することができ，前記(4)の原則とされる計算（個別対応方式又は一括比例配分方式）を基礎として仕入控除税額の算出を行う必要はありません。

　なお，簡易課税制度の適用を受ける場合には，「消費税簡易課税制度選択届出書」を，原則として適用しようとする課税期間の開始の日の前日までに所轄税務署長に提出する必要があります。

［算式］

**　仕入控除税額＝課税標準額に対する消費税額×みなし仕入率（A）**

　この場合の「みなし仕入率（A）」は，事業区分により次のとおり定められています。

事業区分	率（A）	該当する事業
第一種事業 （卸売業）	90%	卸売業（他の者から購入した商品をその性質及び形状を変更しないで，他の事業者に販売する事業）
第二種事業 （小売業）	80%	小売業（他の者から購入した商品をその性質及び形状を変更しないで販売する事業で，第一種事業以外のもの）
第三種事業 （製造業等）	70%	農業，林業，漁業，鉱業，採石業，砂利採取業，建設業，製造業（製造小売業を含みます），電気業，ガス業，熱供給業及び水道業（第一種事業又は第二種事業に該当するもの及び加工賃その他これに類する料金を対価とする役務の提供を行う事業を除きます）
第四種事業 （その他事業）	60%	第一種事業，第二種事業，第三種事業，第五種事業及び第六種事業以外の事業

第五種事業 （サービス業等）	50%	第一種事業から第三種事業までの事業以外の事業のうち，金融及び保険業，運輸通信業，サービス業（飲食店業に該当する事業を除きます）
第六種事業 （不動産業）	40%	不動産業

（注）1　二以上の事業を行っている場合のみなし仕入率は，原則，それぞれの事業区分ごとの課税売上高に係る消費税額に，それぞれの事業区分ごとのみなし仕入率（上記の表の率）を乗じたものの加重平均値となります。ただし，一事業のその課税期間の課税売上高が全体の75％以上を占める事業者については，その75％以上を占める事業の「みなし仕入率」をその事業者の課税売上高に係る消費税額の全体に対して適用することができるなどの特例があります。

　　　2　「農業，林業及び漁業（飲食料品の譲渡を行う部分に限ります）」の事業については，2023年（令和5年）10月1日以後に開始する課税期間分から，簡易課税制度の事業区分が第2種事業となり，「みなし仕入率」は80％（改正前は70％）が適用されます。

6　課税期間と申告納付

　消費税は，原則として申告納税方式が採用され，国内取引については，事業者が課税期間ごとに申告と納付を行い，輸入取引については，課税貨物を引き取る者がその引取りの時までに申告と納付を行うこととされています（消費税法19条，45条，45条の2，47条，49条，50条，51条，租税特別措置法86条の4，等）。

(1)　課税期間

　消費税の課税期間は，原則として1年です。

ⅰ）個人事業者の課税期間は，1月1日から12月31日までの期間です。

　　なお，年の中途で新たに事業を開始した場合又は事業を廃止した場合においても，課税期間の開始の日は1月1日，終了の日は12月31日です。

ⅱ）法人の課税期間は，その法人の事業年度です。

　　なお，法人の設立後，最初の課税期間の開始の日は設立の日であり，また，組織変更等の場合は組織変更等前の事業年度をそのまま継続します。

　ただし，消費税は，製造から卸へ，卸から小売へ，小売から消費者へと順次転嫁されていく税であることから，前段控除方式により算出された税額は，本来，早期納付及び早期還付をすべき税であるといえ，そのため，次のような課税期間の特例制度も設けられています。

課税期間	個人	原則	暦年（1月～12月）
		特例	1月～3月，4月～6月，7月～9月及び10月～12月の3か月ごと，又は1か月ごと
	法人	原則	事業年度
		特例	事業年度を1か月又は3か月ごとに区分した各期間

(2) 申告・納付

消費税の申告期限，納付等は，次のようになっています。

区　分	内　　　　　容
国内取引	課税事業者は，課税期間ごとに課税期間の末日の翌日から2か月以内に，納税地（所得税や法人税と同じです）の所轄税務署長に確定申告書を提出するとともに，その申告に係る消費税額を納付しなければなりません。 　ただし，個人事業者の場合，申告及び納付事務について特段の配慮を行うため，その年の12月31日の属する課税期間（課税期間の特例を選択しなければ1月1日から12月31日までが課税期間）分の申告及び納付の期限は翌年3月31日とされています。 　なお，消費税と地方消費税（譲渡割）は，納税義務者，申告（納付）期限とも同じであることから，当分の間，消費税と地方消費税（譲渡割）とを併せて税務署長に申告し，国に納付することとされています。 (注)1　法人税の確定申告書の提出期限の延長の特例（法人税法75条の2）の適用を受ける法人が，消費税の確定申告書の提出期限を延長する旨の届出書を提出した場合には，消費税の確定申告書の提出期限が1か月間に限り延長されます。 　　2　消費税も，所得税や法人税と同様，中間申告制度（基準額が48万円超である場合等の予納申告制度）があり，確定申告の際に納付する税額は，この予納額を控除した金額となります。
輸入取引	申告納税方式が適用される課税貨物（外国貨物のうち消費税が課税されるもの）を保税地域から引き取ろうとする者（事業者に限らず，個人も含みます）は，課税貨物を保税地域から引き取る時までに，納税地（その保税地域の所在地）の所轄税関長に輸入申告書を提出するとともに，引き取る課税貨物に課される消費税額を納付しなければなりません。なお，関税の額の確定について申告納税方式が適用される者が担保を提供した場合には，その担保の額の範囲内において，3か月以内に限り納期限の延長が認められます。

7　消費税の申告書の仕組み

　消費税の申告書の様式とその記載事項の主要なもの（記載例を含めたもの）は，次頁のとおりです。

■第一表・消費税及び地方消費税の申告書（一般用）

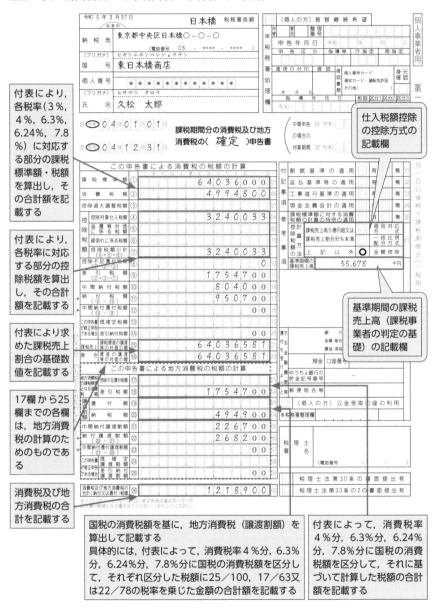

付表により，各税率（3％，4％，6.3％，6.24％，7.8％）に対応する部分の課税標準額・税額を算出し，その合計額を記載する

付表により，各税率に対応する部分の控除税額を算出し，その合計額を記載する

付表により求めた課税売上割合の基礎数値を記載する

17欄から25欄までの各欄は，地方消費税の計算のためのものである

消費税及び地方消費税の合計を記載する

仕入税額控除の控除方式の記載欄

基準期間の課税売上高（課税事業者の判定の基礎）の記載欄

国税の消費税額を基に，地方消費税（譲渡割額）を算出して記載する
具体的には，付表によって，消費税率4％分，6.3％分，6.24％分，7.8％分に国税の消費税額を区分して，それぞれ区分した税額に25／100，17／63又は22／78の税率を乗じた金額の合計額を記載する

付表によって，消費税率4％分，6.3％分，6.24％分，7.8％分に国税の消費税額を区分して，それに基づいて計算した税額の合計額を記載する

157

■第二表・消費税及び地方消費税の申告書
（課税標準額等の内訳書・一般用・前ページの記載例の税率別内訳）

課税標準額等の内訳書

整理番号 □□□□□□□□　個人事業者用

納税地	東京都中央区日本橋○-○-○
	（電話番号　03　-　××××　-　××××）
（フリガナ）	ヒガシニホンバシショウテン
屋　号	東日本橋商店
（フリガナ）	ヒサマツ　タロウ
氏　名	久松　太郎

改正法附則による税額の特例計算
軽減売上割合（10営業日）　附則38①
小売等軽減仕入割合　附則38②

第二表

自 令和 0 4 0 1 0 1
至 令和 0 4 1 2 3 1

課税期間分の消費税及び地方
消費税の（ 確定 ）申告書

中間申告　自 令和 □□年□□月□□日
の場合の　至 令和 □□年□□月□□日
対象期間

令和四年四月一日以後終了課税期間分

課税標準額 ※申告書（第一表）の①欄へ	①	6 4 0 3 6 0 0 0	01

課税資産の譲渡等の対価の額の合計額	3 ％ 適用分	②		02
	4 ％ 適用分	③		03
	6.3 ％ 適用分	④		04
	6.24％ 適用分	⑤		05
	7.8 ％ 適用分	⑥	6 4 0 3 6 5 8 1	06
	（②～⑥の合計）	⑦	6 4 0 3 6 5 8 1	07
特定課税仕入れに係る支払対価の額の合計額 （注1）	6.3 ％ 適用分	⑧		11
	7.8 ％ 適用分	⑨		12
	（⑧・⑨の合計）	⑩		13

消費税額 ※申告書（第一表）の②欄へ	⑪	4 4 9 4 8 0 8	21

⑪ の 内 訳	3 ％ 適用分	⑫		22
	4 ％ 適用分	⑬		23
	6.3 ％ 適用分	⑭		24
	6.24％ 適用分	⑮		25
	7.8 ％ 適用分	⑯	4 4 9 4 8 0 8	26

返還等対価に係る税額 ※申告書（第一表）の⑤欄へ	⑰		31
⑰の内訳 売上げの返還等対価に係る税額	⑱		32
特定課税仕入れの返還等対価に係る税額 （注1）	⑲		33

地方消費税の課税標準となる消費税額 （注2）	（㉑～㉓の合計）	⑳	1 7 5 4 7 0 0	41
	4 ％ 適用分	㉑		42
	6.3 ％ 適用分	㉒		43
	6.24％及び7.8％ 適用分	㉓	1 7 5 4 7 0 0	44

○消費税率と地方消費税率

区 分	合計	消費税率	地方消費税率	軽減税率		
				合計	消費税率	地方消費税率
令和元.10. 1～	10%	7.8%	2.2%（22／78）	8％	6.24%	1.76%（22／78）
平成26. 4. 1～	8%	6.3%	1.7%（17／63）	－	－	－
平成 9. 4. 1～	5%	4%	1%（25／100）	－	－	－
平成元. 4. 1～	3%	3%	－	－	－	－

【参　考】

（一）　消費税等の軽減税率（二段階税率）制度及びインボイス制度

消費税及び地方消費税（以下「消費税等」といいます）について，2019年（令和元年）10月から軽減税率制度が導入されているとともに，これに併せて，2023年（令和5年）10月からインボイス制度が導入されることになっています（消費税法29条，30条，57条の2～57条の6，等）。

1　軽減税率制度の概要等

軽減税率制度とは，酒類及び外食を除く飲食料品並びに新聞（以下「飲食料品等」といいます）について，税率を国税（6.24％）と地方税（1.76％，消費税額の22／78）を合わせて8％にするというものです。

なお，この軽減税率制度（二段階税率制度）の導入に併せて，2023年（令和5年）10月1日から適格請求書等保存方式（いわゆる「インボイス制度」）が導入されることとなっており，この導入時までの間は，飲食料品等に対する消費税等の税額の算定において，「みなし売上率」を使用した簡易な計算方法も使用できる等の経過的措置が講じられています。

上記の経過的措置（現在適用分）の内容は，次のとおりです。

■消費税額の計算の概要

消費税等の税額の計算等は，その事業者の基準期間における課税売上高の規模に応じて，当面（2023年（令和5年）9月30日まで），次のように取り扱われます。

課税売上高（規模）	売上に係る税額の計算方式
5,000万円超	通常計算(注)
中小事業者（1,000万円超～5,000万円以下）	軽減税率売上高のみなし計算等を併用
1,000万円以下	免　税　事　業　者

（注）　中小事業者以外の事業者については，上記表の中段のような特例はない。

[簡易な税額計算方法の概要]

　二段階税率の税率ごとに売上げを区分経理することが困難な中小事業者（免税事業者を除きます）に対して，次のような簡易な税額計算方式が容認されます。

■売上税額の計算の特例（インボイス導入時まで）

① 課税仕入れ等を区分経理できる小売業及び卸売業を営む者【特例売上軽減税率割合（次の算式の小売等軽減仕入割合を使用）】 $$=\frac{\text{分母のうち軽減対象資産の譲渡等にのみ要するものの額}}{\text{課税仕入れ等の総額（税込）}}$$ (注) 簡易課税制度の適用者は対象外	② ①の選択をしない事業者【特例売上軽減税率割合（次の算式の軽減売上割合を使用）】 $$=\frac{\text{分母のうち軽減対象資産の譲渡等の額}}{\substack{\text{その課税期間における通常の連}\\\text{続10営業日の課税資産の譲渡等}\\\text{の総額（税込）}}}$$	③ 左の①及び②の計算が困難で主として軽減対象資産の譲渡等を行う事業者【特例売上軽減税率割合】＝50％

(注)1　上記①は，対象事業を区分して，小売業及び卸売業に係る課税資産の譲渡等にのみ適用し，上記②は，区分している対象事業のみの適用も可能です。
　　　2　上記の「軽減対象資産の譲渡等」とは，軽減税率の対象となる課税資産の譲渡等のうち2019年（令和元年）10月1日から2023年（令和5年）9月30日までの間のものをいいます。

2　軽減税率制度下での制度運用等

　消費税等の軽減税率制度下では，以下のような制度運用等がされることになっています。

(1)　軽減税率対象品目及び税率の内容

ｉ）軽減税率対象の課税資産の譲渡等は，次頁表のイ及びロとし，その譲渡等の時点の判定により軽減税率6.24％（地方消費税と合わせて8％）が適用されます。

ii）軽減税率の対象となる保税地域から引き取られる課税貨物は，次頁表のイの飲食料品とし，軽減税率は6.24％（地方消費税と合わせて8％）とされます。

区　分	内　　　容
イ　飲食料品の譲渡	飲食料品（人の飲用又は食用に供される食品表示法に規定する食品をいい，少額の一体商品並びに包装材料及び容器でその販売に附帯して通常必要なものとして使用されるものを含みますが，アルコール分１度以上等の酒税法に規定する酒類は除きます）の譲渡です。 （注）1　上記の「少額の一体商品」とは，上記の食品とそれ以外の資産があらかじめ一の資産を形成又は構成しているもので，その一の資産（商品）の価格のみが提示され，その対価の額が１万円以下のもののうち食品部分が３分の２以上を占めるものをいいます。 　　　2　上記の「飲食料品の譲渡」には，以下のものは含みません。 　　　　a　飲食店営業，喫茶店営業等の飲食料品をその場で飲食させる事業を営む者が行う食事の提供（テーブル，椅子，カウンター等の飲食に用いられる設備のある場所において行う飲食料品を飲食させる役務の提供をいい，飲食料品を持帰りのための容器に入れ，又は包装を施して行う譲渡を除きます） 　　　　b　相手方が指定した場所において行う，加熱，調理又は給仕等の役務の提供を伴う飲食料品の提供（有料老人ホーム，幼稚園，小学校，中学校等において行う一定の飲食料品，給食等の提供を除きます） 《軽減税率の対象となる飲食料品の譲渡の範囲》 （出典）　国税庁「消費税のあらまし」を一部編集。
□　新聞の譲渡	定期購読契約が締結された新聞の譲渡（一定の題号を用い，政治，経済，社会，文化等に関する一般社会的事実を掲載する週２回以上発行される新聞の譲渡に限ります）です。

(2) インボイス制度の併設導入

　軽減税率制度の導入に併せて，複数税率制度に対応した仕入税額控除の方式として，インボイス制度が2023年（令和5年）10月1日から導入されますが，その導入までの間については，現行の請求書等保存方式を基本的に維持しつつ，区分経理に対応するための次の(3)の措置が講じられます。

(3) インボイス制度が導入されるまでの間の経過措置

ⅰ）インボイス制度が導入されるまでの間（2023年（令和5年）9月30日まで）における仕入税額控除制度については，「軽減税率対象資産の譲渡等である旨」や「税率の異なるごとに合計した対価の額」を明確にした「区分記載請求書等保存方式」が適用されることになっています。

ⅱ）売上げを税率の異なるごとに区分することが困難な事業者に対して，売上税額の簡便計算を認める前掲の措置（160頁を参照）が講じられます。

(4) インボイス制度導入以後の制度運用等

　インボイス制度導入以後の制度運用における留意事項は，次のとおりです。

ⅰ）インボイス制度の導入に伴い，適格請求書発行事業者の登録制度を創設するとともに，登録事業者は，インターネットを通じて公表されます。

ⅱ）適格請求書発行事業者には，次の適格請求書等（適格請求書又は適格簡易請求書）の発行・交付義務が課されます。

適格請求書	「適格請求書」とは，「適格請求書発行事業者の氏名又は名称及び登録番号」，「課税資産の譲渡等を行った年月日」，「課税資産の譲渡等の内容」，「税率の異なるごとに区分した課税資産の譲渡等の合計額及び適用税率」，「消費税額及び地方消費税額の合計額」，「書類の交付を受ける事業者の氏名又は名称」が記載された請求書，納品書その他これらに類する書類をいい，「適格請求書発行事業者」とは，納税地を所轄する税務署長に申請書を提出し，適格請求書等を交付することのできる事業者として登録を受けた者をいいます。
適格簡易請求書	「適格簡易請求書」とは，「書類の交付を受ける事業者の氏名又は名称」等の記載のないもので，不特定かつ多数の者に課税資産の譲渡等を行う一定の事業（小売業，飲食店業，写真業，旅行業，タクシー業，駐車場業など）を行う場合に限り交付することができる「簡易な適格請求書」をいいます。

iii）適格請求書等を交付することが困難である一定の取引（バス・鉄道の旅客
　の運送（3万円未満），自動販売機による販売（3万円未満），媒介・取次業
　者が委託を受けて行う農水産品の譲渡など）については，適格請求書等の交
　付義務が免除されます。

iv）インボイス制度導入後は，「適格請求書発行事業者」から交付を受けた「適
　格請求書等」の保存が仕入税額控除の要件とされます。ただし，適格請求書
　等の交付を受けることができない上記iii）の取引の場合などには，一定の事
　項が記載された帳簿等のみの保存により仕入税額控除が認められます。

ⅴ）インボイス制度の導入後3年間（2026年（令和8年）9月30日まで）にお
　いては，適格請求書発行事業者以外の者から行った課税仕入れに係る消費税
　相当額に80％を乗じた金額について，また，その後の3年間（2026年（令和
　8年）10月1日から2029年（令和11年）9月30日まで）においては50％を乗
　じた金額について，それぞれ仕入税額控除が認められます。

ⅵ）売上げに係る対価の返還等について，その対価の返還等に係る税込価額が
　1万円未満である場合には，返還インボイスの交付義務が免除されます。

ⅶ）2026年（令和8年）9月30日までの日の属する各課税期間（3年間）にお
　いて，免税事業者が適格請求書発行事業者となったこと等により課税事業者
　となる場合には，その課税期間における仕入税額控除額は，課税標準額に対
　する消費税額（対価の返還等に係る消費税額の控除後の金額）の80％とされ
　ます。

ⅷ）基準期間における課税売上高が1億円以下（又は前年もしくは前事業年度
　開始の日以後6か月間における課税売上高が5,000万円以下）である事業者
　については，2029年（令和11年）9月30日までの6年間，支払対価の額が1
　万円未満の国内において行う課税仕入れにつき，インボイスの保存は不要と
　され，帳簿のみの保存で仕入税額控除が認められます。

【参考】インボイスの記載事項と様式例

<table>
<tr><th>適格請求書</th><th>適格簡易請求書</th></tr>
<tr><td>

① 適格請求書発行事業者の氏名又は名称及び
　　登録番号

② 取引年月日

③ 取引内容（軽減税率の対象品目である旨）

④ 税率ごとに区分して合計した対価の額
　　（税抜き又は税込み）及び適用税率

⑤ 税率ごとに区分した消費税額等

⑥ 書類の交付を受ける事業者の氏名又は名称

</td><td>

① 適格請求書発行事業者の氏名又は名称及び
　　登録番号

② 取引年月日

③ 取引内容（軽減税率の対象品目である旨）

④ 税率ごとに区分して合計した対価の額
　　（税抜き又は税込み）

⑤ 税率ごとに区分した消費税額等又は適用税
　　率

</td></tr>
</table>

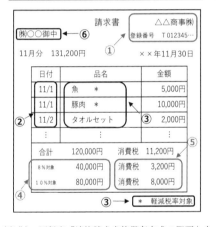

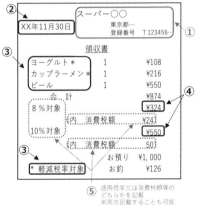

（出典）　国税庁「適格請求書等保存方式の概要」を一部編集。

(5)　インボイス制度導入以後の税額の計算方法

　インボイス制度導入以後，課税資産の譲渡等又は課税仕入れに係る税額は，適格請求書等の税額の積上計算方式と取引総額からの割戻算定方式との選択性とされます。ただし，課税資産の譲渡等に係る税額の計算において積上計算方式を採用している場合（登録事業者に限ります）には，課税仕入れに係る税額についても積上計算方式によるものとされます。

（二）　リバースチャージ方式の導入等

　2015年度（平成27年度）の税制改正以後，国境を越えた役務の提供等に対する消費税の課税について，役務提供地の内外判定基準も含め，次のような措置が講じられています。

1　電気通信利用役務の提供に対する内外判定基準

　電子書籍・音楽・広告の配信等が電気通信回線を介して行われる場合の役務の提供を「電気通信利用役務の提供」と位置付け，電気通信利用役務の提供のような国内外にわたる役務提供でその役務提供地が国内か否か明らかでないものについては，内外判定基準が役務提供に係る事務所等の所在地ではなく，役務提供を受ける者の住所地等となります。

2　事業者向け電気通信利用役務の提供に対するリバースチャージ方式の制定

　役務の性質又は取引条件等から役務の提供を受ける者が通常事業者に限られるものを「事業者向け電気通信利用役務の提供」と，それ以外のものを「消費者向け電気通信役務の提供」と位置付け，前者の取引に係る消費税の納税義務者を役務の提供を受ける事業者とする，リバースチャージ方式が導入されています。また，後者（登録国外事業者を除きます）の取引に係る仕入税額控除はその適用を認めないこととされます。

　これにより，サービスを受ける者の区分に応じて，次の2つの課税方式が併設されることとなりました。

■電気通信利用役務の提供に対する課税の方式

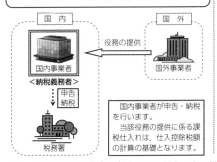

事業者向け電気通信利用役務の提供に係る課税方式
（リバースチャージ方式）

国外事業者が行う「事業者向け電気通信利用役務の提供」について，当該役務の提供を受けた国内事業者に申告納税義務を課す方式（対象取引例：広告の配信）
※　「事業者向け電気通信利用役務の提供」とは，役務の性質又は当該役務の提供に係る取引条件などから，当該役務の提供を受ける者が通常事業者に限られるもの

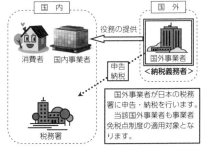

消費者向け電気通信利用役務の提供
（国外事業者申告納税方式）

国外事業者が行う「電気通信利用役務の提供」のうち，「事業者向け電気通信利用役務の提供」以外のものについて，国外事業者に申告納税義務を課す方式
（対象取引例：電子書籍・音楽の配信）

(注)　課税期間の課税売上割合が95％以上である場合には，当分の間，その期間における上記の対象となる役務提供はなかったものとされ，リバースチャージ方式は適用されません。

(出典)　国税庁「消費税のパンフレット」を一部編集。

3　芸能人・職業運動家の役務提供に対するリバースチャージ方式の導入

　国外事業者が行う芸能・スポーツ等の役務の提供（以下「特定役務の提供」といいます）についても，上記2と同様にリバースチャージ方式が適用されます。

■芸能人・職業運動家の役務提供に対するリバースチャージ方式の導入

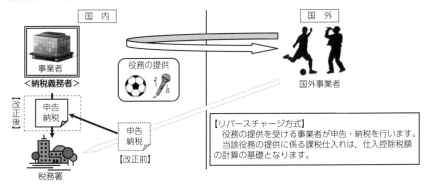

(出典)　国税庁「消費税のパンフレット」を一部編集。

<h1>3　酒税の詳細</h1>

<h2>1　酒税の概要</h2>

<h3>(1)　酒税の概説</h3>

　酒類（後記2参照）に対して課税される間接税が酒税です。たばこと並んで代表的な嗜好品である酒類には，諸外国においても間接税が課されています。

　酒類に間接税を課しているのは，酒類が主要な生活必需品ではなく，その消費は，各人の嗜好の程度と経済力に応じて様々であるほか，これを消費しなくても生活ができるということが，課税の根拠とされています。また，酒類の消費は，かなり一般的で消費量も多く安定しており，国として多額かつ安定した租税収入が期待できることから，酒税は，いずれの国においても間接税として欠くことのできない税目となっています。

　酒税の課税方式は，原則として従量課税制度を採用していますが，一律的な課税の不公平（弊害）を防ぎ，高級品重課などの要請を入れるために，我が国の酒税法は，酒類の分類を行ってその分類ごとに異なった基本税率を定める方式を採用しています。具体的には，酒類を，発泡性酒類，醸造酒類，蒸留酒類及び混成酒類の4種類に分類するとともに，その分類ごとに異なる基本税率を定めて従量税率の適用をすることとしています。

【参考】酒類（アルコール分1度以上の飲料）の分類の概要

発泡性酒類	ビール，発泡酒，その他の発泡性酒類（ビール及び発泡酒以外の酒類のうちアルコール分が10度未満で発泡性を有するもの)
醸造酒類	清酒，果実酒，その他の醸造酒
蒸留酒類	連続式蒸留焼酎，単式蒸留焼酎，ウイスキー，ブランデー，原料用アルコール，スピリッツ
混成酒類	合成清酒，みりん，甘味果実酒，リキュール，粉末酒，雑酒

（注）　2017年度（平成29年度）の税制改正により，酒類間の税負担の公平性を回復する等の観点から，ビール系飲料や醸造酒類の税率格差の解消等の酒税改革が行われていますが，適用開始時期が2018年4月1日，2020年10月1日，2023年10月1日及び2026年10月1日と段階的であるため，本書では別記載（170頁の【参考】を参照）とし，以下の説明は2020年（令和2年）10月1日施行の税法に基づき行っています。

(2) 酒類の製造と販売業に対する免許制度

　酒税法の特色として，「酒類の製造と販売業に対する免許制度」もその1つに挙げられます。

　この免許制度は，酒税の税率が高率でその税収が財政上重要な地位を占めていることから，高率な課税に適する酒類の品質の保持を図るとともに，酒税に関する強力な管理監督制度を設けるためのもので，これによって同業者の濫立を防止し，税の転嫁を容易にするとともに，課税上の調査，検査を十分に行うことができるようにしています。

　なお，上記の目的を達成するため，酒類に関する特殊な禁止規定（酒類と他の物品の混和禁止，原料用酒類の任意処分禁止，密造酒類の所持禁止等）を設けているほか，酒類の製造・販売業者に対して，各種義務規定も設け，特別な監督指導なども行えるようにしています。

2　課税物件

　酒税の課税物件は，酒類です。酒類とは，アルコール分1度以上の飲料（原則として，アルコール事業法の規定の適用を受けるアルコールを除きます）をいい，このうちには，アルコール分が高くそのまま飲用することができないものであっても，薄めて飲用することができるもの又は溶解してアルコール分1度以上の飲料とすることができる粉末状のものを含んでいます（酒税法2条）。

3　納税義務者

　酒税法は，酒類の製造者と酒類の保税地域からの引取者（酒類引取者）を，原則的に納税義務者としています（酒税法6条）。

(参考)　酒税の納税義務者

　　　酒税の最終負担者は，酒類を飲用する消費者を予定しており，課税方式は消費税本来の建前からすれば，できるだけ最終消費に近いところで納税義務者を設定することが望ましいといえます。しかしながら，最終消費段階で納税義務者を捉えようとすると対象者の数が極めて多くなることから，酒税法では課税技術や徴税費の観点から，酒類の生産，販売，消費の各段階のうちの関係者の最も少ない事業者等を納税義務者として定め，ⅰ）国内産酒類は，酒類の製造者を，ⅱ）外

国から輸入される酒類は，酒類引取者を酒税の納税義務者としています。

4　納税義務の成立と酒税の免除

酒税の納税義務の成立は，酒類が，製造場から移出された時又は保税地域から引き取られた時とされています（国税通則法15条）。このように，酒税の納税義務は，原則として酒類が製造場から移出される時又は保税地域から引き取られる時に成立し，これらの移出する時又は引き取る時に酒税が課税されることになります。

また，酒税法では，外国に輸出される酒類及び輸出酒類販売場から移出する酒類は，酒税が免除されます（酒税法29条，租税特別措置法87条の6）。

5　課税標準と税率

酒税法では，酒類を前述のように「発泡性酒類」，「醸造酒類」，「蒸留酒類」及び「混成酒類」の4種類に分類し，以下のように，同一の種類に属する酒類には原則として同一の税率を適用することとしています（酒税法22条，23条）。

(1)　課税標準

酒税の課税標準は，製造場から移出し又は保税地域から引き取る酒類の数量です。この場合の数量とは，現実の数量（容量）をいい，容器などに表示されている数量や売買契約書などに記載されている，いわゆる取引数量とは必ずしも一致しない場合もあります。

(2)　税　率

酒税の税率は，酒類の種類に応じて，1kℓ当たりの率が定められています。

分 類	基 本 税 率	特 別 税 率		
発泡性酒類	200,000円	発泡酒（麦芽比率25％以上50％未満）		167,125円
		発泡酒（麦芽比率25％未満）		134,250円
		その他の発泡性酒類	いわゆる「新ジャンル」	108,000円
			ホップ等を原料としないもの	80,000円
醸造酒類	120,000円	清酒		110,000円
		果実酒		90,000円
蒸留酒類	200,000円 [ただし，20度超の１度当たり加算額10,000円]	ウイスキー ブランデー スピリッツ } 370,000円（37度未満）		
混成酒類	200,000円 [ただし，20度超の１度当たり加算額10,000円]	合成清酒		100,000円
		みりん及び雑酒（みりん類似）		20,000円
		甘味果実酒及びリキュール（13度未満） （ただし，12度超の１度当たり加算額10,000円）		120,000円
		粉末酒		390,000円

（注）1 特別税率は，一定のものに対する軽減税率です。
　　　2 特別税率適用の発泡酒は，アルコール分10度未満のものに限られます。

6 申告と納付

　酒類製造者は，製造場ごとに，原則として毎月（移出がない月を除きます）移出した酒類の課税標準と税額などを記載した申告書を，翌月末日までに製造場の所在地の所轄税務署長に提出しなければなりません（以下「月例申告」といいます）（酒税法30条の２）。なお，酒類製造者は，「みなし移出」などの事実が生じた場合には，月例申告と同じ事項を記載した申告書を，事実が発生した日から10日を経過する日までに製造場の所在地の所轄税務署長に提出しなければなりません（以下「都度申告」といいます）。

　また，①通常の月例申告による納税申告書を提出した酒類製造者は，申告した酒類を移出した月の末日から２か月以内に，②都度申告のための納税申告書を提出した酒類製造者は，申告書の提出期限内に，それぞれ申告書に記載した酒税を納付しなければなりません。

【参考】 2017年度の酒税改革（税制改正）
　2017年度の酒税改革の主な内容を図示すると，次頁のとおりです。

■酒税の税率構造の見直しの全体像

改正前

区　　　　分	税　率 （1kℓ当たり）	アルコール分 1度当たりの加算額
発泡性酒類（ビール，発泡酒（麦芽比率50％以上）等）	220,000円	－
発泡酒（麦芽比率25％以上50％未満）	178,125円	－
発泡酒（麦芽比率25％未満）	134,250円	－
その他の発泡性酒類（新ジャンル，チューハイ等）	80,000円	－
醸造酒類	140,000円	－
清酒	120,000円	－
果実酒	80,000円	－
蒸留酒類	(21度未満) 200,000円	(21度以上) 10,000円
ウイスキー，ブランデー，スピリッツ	(38度未満) 370,000円	(38度以上) 10,000円
混成酒類	(21度未満) 220,000円	(21度以上) 11,000円
合成清酒	100,000円	
みりん，雑酒（みりん類似）	20,000円	
甘味果実酒，リキュール	(13度未満) 120,000円	(13度以上) 10,000円
粉末酒	390,000円	

＊低アルコール分の蒸留酒類等に係る特例税率（下限税率）1kℓ当たり80,000円，アルコール分9度以上の場合は加算あり

税率構造の見直しの完成後（2026年（令和8年）10月）

区　　　　分	税　率 （1kℓ当たり）	アルコール分 1度当たりの加算額
発泡性酒類（ビール，発泡酒）	155,000円	－
その他の発泡性酒類（チューハイ等）	100,000円	－
醸造酒類	100,000円	－
蒸留酒類	(21度未満) 200,000円	(21度以上) 10,000円
ウイスキー，ブランデー，スピリッツ	(38度未満) 370,000円	(38度以上) 10,000円
混成酒類	(21度未満) 200,000円	(21度以上) 10,000円
合成清酒	100,000円	－
みりん，雑酒（みりん類似）	20,000円	－
甘味果実酒，リキュール	(13度未満) 120,000円	(13度以上) 10,000円
粉末酒	390,000円	－

＊低アルコール分の蒸留酒類等に係る特例税率（下限税率）1kℓ当たり100,000円，アルコール分11度以上の場合は加算あり

■ビールの定義の拡大

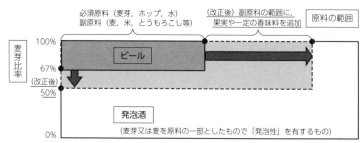

■ビール系飲料の定義の改正内容

税率（350mℓ換算）

改正前			
ビール		✓麦芽・ホップ・水・法定副原料のみ使用 ✓麦芽比率67％以上	77.00円
発泡酒		✓麦芽を使用	46.99円
	新ジャンル	✓エンドウたんぱく・ホップ等を使用 ✓発泡酒（ホップ使用）に麦スピリッツを混和	28.00円
その他の発泡性酒類		✓その他（チューハイ等）	

改革完成後			
ビール		✓麦芽・ホップ・水・法定副原料（一部拡大）のみ使用 ✓麦芽比率50％以上	54.25円
発泡酒		✓麦芽を使用 ✓ホップを使用（※改正前の新ジャンルは全て該当） ✓その他のビール類似商品（苦味価・色度一定以上）	54.25円
その他の発泡性酒類		✓その他（チューハイ等）	35.00円

(注)　ビールの定義の改正は2018年4月1日，発泡酒の定義の改正は2023年10月1日，税率の改革完成は2026年10月1日に，それぞれ施行。

（出典）　財務省「平成29年度税制改正のすべて」を一部編集。

4　印紙税の詳細

1　印紙税の概要

(1)　印紙税の概説

　印紙税は，経済取引という事象を捉えて，その取引によって生ずる経済的利益に税源を求めようとするもので，流通税の一種です。また，経済取引そのものではなく，経済取引に伴って作成される特定の文書に対して課税をするため，文書税ともいわれています。

　印紙税は，契約書や領収書など，経済取引に伴い作成される広範な文書に対して軽度の負担を求める税ですが，これは，課税物件限定列挙主義（次の(2)を参照）の下で，課税文書の作成に伴う経済的利益の有無，取引当事者間の法律関係の安定化という面に着目し，文書の作成行為の背後に担税力を見出して課税を行おうとするものです。

　印紙税の税率は，定額税率を基本としつつ，より担税力があると認められる

文書については高い税率を適用する階級定額税率を採用しています。なお，特定の文書には免税点も設けられており，一定の記載金額以下の文書は課税しない仕組みとなっています。

印紙税は，課税文書に収入印紙（以下「印紙」といいます）を貼り付けて納付することを原則としていることから，印紙納税方式を採用している税であるといえます。

[収入印紙の例]

(2) 課税物件限定列挙主義

現行の印紙税法は，印紙税法別表第一「課税物件表」（以下「課税物件表」といいます）に，課税対象の文書を20種類に分類して具体的に掲名列挙し，この掲名された文書だけに課税することになっています。これを課税物件限定列挙主義といいます。

掲名されている文書は，経済取引に伴い作成される文書のうち，不動産の譲渡契約書，請負契約書，株券などの有価証券，保険証券，領収書，預貯金通帳など，軽度の補完的課税を行うに足る担税力があると認められる一定の文書ということになります。

2 課税範囲

(1) 課税物件

印紙税の課税物件は，特定の事項が記載されている文書です（印紙税法2条，別表第一，等）。

課税物件表では，課税対象となる文書を第1号から第20号までに分類し，ⅰ）階級別定額税率の適用対象となる文書（第1号から第4号まで，及び第17号），ⅱ）高額の定額税率の適用対象となる文書（第5号から第7号まで），ⅲ）一般定額税率の適用対象となる文書（第8号から第16号まで），ⅳ）通帳と判取帳（第18号から第20号まで）というように，概ね税率構造の異なるごとにグループ化して掲名されています（それぞれの号にあてはまる文書であっても，非課税とすることが適当であると認められるものは，その範囲を「非課税物件」欄で具体的に定めています）。

■課税物件（文書）の概要

文書の区分	文　書　の　概　要
第1号文書	不動産等の譲渡に関する契約書，地上権又は土地の賃借権の設定又は譲渡に関する契約書，消費貸借に関する契約書，運送に関する契約書
第2号文書	請負に関する契約書
第3号文書	約束手形又は為替手形
第4号文書	株券，社債券等
第5号文書	合併契約書等
第6号文書	定款
第7号文書	継続的取引の基本となる契約書
第8号文書	預貯金証書
第9号文書	倉荷証券，船荷証券又は複合運送証券
第10号文書	保険証券
第11号文書	信用状
第12号文書	信託行為に関する契約書
第13号文書	債務の保証に関する契約書
第14号文書	金銭又は有価証券の寄託に関する契約書
第15号文書	債権譲渡又は債務引受けに関する契約書
第16号文書	配当金領収証又は配当金振込通知書
第17号文書	金銭又は有価証券の受取書
第18号文書	預貯金通帳，信託行為に関する通帳等
第19号文書	第1号，第2号，第14号又は第17号に掲げる文書により証されるべき事項を付け込んで証明する目的をもって作成する通帳（前号に掲げる通帳を除きます）
第20号文書	判取帳

(2)　課税標準と税率

　印紙税の課税標準と税率は，課税物件表の各号の課税文書の区分に従って同表の課税標準及び税率欄に定められています（印紙税法7条）。

　各課税文書の税率は，課税物件表の第1号から第4号までと第17号の文書については，階級別定額税率が，その他の号の文書については，1通又は1冊について定額税率が適用されます。

(3)　納税義務者

　課税文書の作成者は，作成した課税文書につき印紙税を納める義務があります（印紙税法3条）。課税文書の作成者は，現実に課税文書を作成した物理的な作成者のことをいうのではなく，具体的には，ⅰ）従業員などの名義で作成

する課税文書は事業主，ⅱ）法人の業務に関して，法人の代表者名義で作成する課税文書は法人，等が作成者として納税義務者となります。

⑷　納税義務の成立

印紙税の納税義務は課税文書の作成の時に成立します（国税通則法15条）。

課税文書の作成とは，原則として，課税文書を物理的に作り，文書の作成目的に従って行使することをいいます。また，税法上の作成とは，文書の物理的な作成行為そのものを意味するものではなく，文書に記載された事項の証明効果を発生させる行為をいいます。したがって，ある文書が，たとえ課税文書としての体裁を整えていても，行使しない限り納税義務は成立しません。

3　納付手続

印紙税の納付手続は，原則として収入印紙の貼付によることとされていますが（印紙税法8条，9条，11条，12条），課税文書を一時的に多量に，又は継続して作成するような場合には，ⅰ）税印による特例（印紙税額を金銭で納付して，所轄税務署長に税印を押してもらう方法），ⅱ）印紙税納付計器による特例（印紙税額をあらかじめまとめて金銭で納付の上，印紙税納付計器を使用し印紙税額を表示した納付印を押す方法），ⅲ）申告納税方式による方法，等も認められています。

なお，収入印紙の貼付による納付の場合には，文書と印紙の彩紋（模様）とにかけて消印をしなければならないとされています。

5　その他間接諸税（国税）の概説

その他の間接諸税のうち主なものの概要は，次のとおりです。

①　たばこ税

項　目	内　　　　容
概　　要	たばこは，酒と並び称される嗜好品であり，古くから，また，各国において，税の対象とされています。我が国においても，明治以降，長年にわたり「葉たばこ」の専売制度が実施され，国に納付される専売納付金は，実質的に個別消費税の性質を有するものでした。

	しかし，1985年（昭和60年）4月に専売制度が廃止されたことに伴い，専売納付金制度に代えて，国税としての「たばこ税」が創設されました。
	また，日本国有鉄道清算事業団の長期借入金に係る債務等を一般会計において承継すること等に伴う財源を確保するために，たばこ税に併せて，たばこ特別税（一般会計における債務の承継等に伴い必要な財源の確保に係る特別措置に関する法律による特別税）が課されています。
課税物件，税率，その他	たばこ税の課税物件は，「製造たばこ」です（たばこ税法3条）。
	たばこ税の納税義務者は，製造たばこの製造者と製造たばこを保税地域から引き取る者で，納税義務は，製造たばこを製造場から移出した時か，保税地域から引き取った時に成立します（たばこ税法4条）。
	また，たばこ税の課税標準は，製造たばこの製造場から移出し，又は保税地域から引き取る紙巻たばこの本数で（たばこ税法10条），税率は，1,000本につき6,802円です（たばこ税法11条）。
	ただし，上記のたばこ特別税及び地方税である地方たばこ税も課されているため，結果として，たばこに係る税率は，国及び地方を併せて，1,000本につき15,244円となっています。

② 国際観光旅客税

項　目	内　　　容
概　　要	国際観光旅客税は，観光先進国実現に向けた観光基盤の拡充・強化を図るための恒久的な財源を確保するために，2018年（平成30年）4月に創設され（2019年1月7日から施行），その税収は，快適に旅行できる環境の整備，観光資源の整備等の諸施策に要する費用に充てられることになっています。
課税物件，税率，その他	国際観光旅客税は，国際観光旅客等の国際船舶等による本邦からの出国を課税の対象としています（国際観光旅客税法5条）。
	国際観光旅客税の納税義務者は国際観光旅客等で（国際観光旅客税法4条），納税義務は，本邦からの出国の時に成立します（国税通則法15条2項11号）。
	また，課税標準は，本邦からの出国（1回）であり，税率は，その出国1回につき1,000円です（国際観光旅客税法15条）。

③ 登録免許税

項　目	内　　　容
概　　要	登録免許税は，各種の登記，登録，特許，免許，許可，認可，認定，指定及び技能証明（以下「登記等」といいます）を受けることを対象として課される税です。登記等を行うことによる受益に着目し，そこに担税力等を見出して課税する税といえます。
課税標準，税率，その他	登録免許税の課税物件は，各種の登記等です。具体的には，登録免許税法の別表第1に限定列挙されています（登録免許税法2条）。
	登録免許税の納税義務者は，登記等を受ける者で，納税義務は，登記等の時に成立します（国税通則法15条）。
	登録免許税の課税標準は，登記等の区分により，金額を課税標準とするものと，数量（個数，件数等）を課税標準にするものとがあり，登録免許税法別表第一に各々の登記等の種類ごとに規定されており（登録免許税法9条），税率は金額を課税標準とするものについては定率税率，数量を課税標準とするものについては定額税率となっています（登録免許税法9条）。

④　自動車重量税

項　目	内　　容
概　　要	自動車重量税は，自動車の検査を受け，又は軽自動車の使用の届出を行うことによって，これらの自動車の運行が可能になるという法的地位あるいは利益を受けることに着目して課税される一種の権利創設税です。 　その意味で，同じ自動車に対する課税であっても，地方税である自動車税及び軽自動車税（財産税としての税）とは，その性格を異にしています。
課税標準，税率，その他	自動車重量税の課税物件は，法に定める検査自動車と届出軽自動車です（自動車重量税法3条）。 　自動車重量税の納税義務者は，自動車検査証の交付又は返付を受ける者と車両番号の指定を受ける者で，納税義務は，自動車検査証の交付等の時又は届出軽自動車の車両番号の指定の時に成立します（国税通則法15条）。 　また，自動車重量税の課税標準は，検査自動車と届出軽自動車の数量で（自動車重量税法7条），税率は，検査自動車又は届出軽自動車の区分（検査自動車については，さらに自動車検査証の有効期間の区分）に応じ，それぞれ1車両について，例えば，車両重量が0.5t以下の乗用車は7,500円（本則税率）といったように定められている金額です（自動車重量税法7条）。 　なお，エコカーに係る自動車重量税の減免措置などもあります。

⑤　揮発油税と地方揮発油税（ガソリン税）

項　目	内　　容
概　　要	揮発油に対しては，揮発油税と地方揮発油税が課税されます。 　揮発油税の収入は，国の一般財源となり，一方，地方揮発油税は，その全額が都道府県及び市町村の一般財源として譲与されます。揮発油税と地方揮発油税は，その使途は別々ですが国に納付されるまでの手続はあたかも1つの税目のように取り扱われます。 　なお，課税物件である揮発油としては，主として自動車燃料用ガソリンが予定されており，灯油，石油化学工業用揮発油などには免税措置が採られています。
課税標準，税率，その他	揮発油税と地方揮発油税の課税物件は揮発油です（揮発油税法1条，地方揮発油税法1条，2条）。一般に，揮発油といえばガソリンともいわれますが，揮発油税法では，「揮発油とは，温度15度において0.8017を超えない比重を有する炭化水素油をいう」としています。 　揮発油税と地方揮発油税の課税標準は，製造場から移出等をした揮発油の数量から，消費者販売に至るまでの貯蔵や輸送において見込まれる減少数量を欠減控除した数量です（揮発油税法8条，地方揮発油税法3条）。 　また，揮発油税の本則税率は，1kℓにつき24,300円，併せて納付する地方揮発油税の税率が1kℓにつき4,400円，両税を合わせた税率合計は28,700円です（揮発油税法9条，地方揮発油税法4条）が，租税特別措置法等により割増の暫定税率も定められています。

⑥ 石油ガス税

項　目	内　　容
概　　要	揮発油（ガソリン）を燃料とする自動車に代わって，1962年（昭和37年）ごろ，液化石油ガス（LPG）を燃料とする自動車が急増しました。 　そこで，揮発油（ガソリン）に対する課税とのバランスを考慮して，自動車用の石油ガスに税負担を求めるため，石油ガス税法が制定され，1966年（昭和41年）2月1日から施行されています。
課税標準，税率，その他	石油ガス税の課税物件は，自動車用の石油ガス容器に充てんされている石油ガス（以下「課税石油ガス」といいます）です（石油ガス税法3条）。なお，課税石油ガスの大部分は，LPGスタンド（オートガススタンド）でタクシー等に充てんされています。 　課税石油ガスの充てん場から移出し又は保税地域から引き取る課税石油ガスの重量が課税標準で（石油ガス税法9条），取引容量を重量に換算する方法としては，ⅰ）精密な換算方法（液容量と液比重により計算する方法）と，ⅱ）便宜的な換算方法（液容量1kℓにつき重量0.56kgとして計算する方法）の2つの方法があります。 　また，税率は，1kgについて17円50銭です（石油ガス税法10条）。

⑦ 石油石炭税

項　目	内　　容
概　　要	我が国のエネルギー情勢を踏まえ，石油一般の利用に共通する便益性に着目し，また，今後予想される石油対策に係る財政需要に配慮して，1978年（昭和53年）に，広く石油に対して新たな負担を求めるための「石油税法」が創設されました。 　その後，1984年度（昭和59年度）の税制改正において，ガス状炭化水素の課税対象への追加が行われるとともに，2003年度（平成15年度）の税制改正においては，エネルギー政策の見直しにより新たに石炭が課税対象に加えられたことに伴い，法律名が「石油税法」から「石油石炭税法」に改められています。
課税標準，税率，その他	石油石炭税の課税物件は，原油及び輸入石油製品，ガス状炭化水素（液化したものを含み，本邦において石油精製等により得られたものを除きます）並びに石炭です（石油税法2条2号，3条）。 　課税標準は，その採取場から移出した原油，ガス状炭化水素もしくは石炭又は保税地域から引き取る原油等の数量で（石油税法8条），税率は，原油等，ガス状炭化水素，石炭の区分に応じて，2,800円／kℓ，1,860円／t，1,370円／t，となっています。

⑧ 航空機燃料税

項　目	内　　容
概　　要	近年，我が国の民間航空事業が著しい伸長を遂げる一方で，空港の整備拡張や航空機の騒音対策，さらには航空保安施設等の拡充による航空輸送の安全確保等を推進していかなければならない状況となったために，1972年（昭和47年）にそれによる収入をこれら空港整備等の所要の財源に充てるものとして創設された税です。
課税標準，税率，その他	航空機燃料税の課税物件は，航空機（航空機用発動機を含みます）の燃料として使用される炭化水素油等です（航空機燃料税法2条，3条）。 　課税標準は，航空機に積み込まれた航空機燃料の数量で（航空機燃料税法10条），税率は1kℓにつき26,000円（2025年（令和7年）3月31日までに航空機に積み込まれたものについては13,000円）です。

第6章

地方税の詳細

1 地方税の概要

1 地方税法の概説

　地方税は，国税のように各税目を各税法で定めるのではなく，地方税に関する通則的規定，徴収手続に関する規定，各地方税の課税要件等の規定をまとめて1つの地方税法という法律で定めています。

　また，地方税法2条では，「地方団体は，この法律の定めるところによって，地方税を賦課徴収することができる」と定めており，地方自治法223条も，「普通地方公共団体は，法律の定めるところにより，地方税を賦課徴収することができる」と定めているように，地方公共団体が地方自治に基づき課税権を有することをこれらの規定により明らかにしています。

2 地方公共団体の課税権

　地方税は，地方公共団体が地域の行政に要する費用等に充てる財源を調達するために，地域住民等から徴収する税ですが，地方公共団体がこの地方税を賦課徴収しうる権能（課税権）は，各々の地方議会によって制定される条例によって，具体化されることになっています。

　すなわち，地方税法では，国と地方公共団体との課税権の調整や税源配分，国家全体における租税体系，地方公共団体の自主性の尊重などを考慮し，賦課徴収できる税目，税率，手続等の基本的な事項について大枠を定めているにす

ぎず，各々の地方公共団体が，地方税法の定める規定の枠内で税の条例を制定して，地方税の具体的な賦課徴収等を行うことになっています。

3　地方税の税率

　このような地方税法の体系の中で，特に注意すべき事項として，税率があります。地方税の税率は，原則として，地方公共団体が条例で税目ごとに定めることになっていますが，前述のような地方税法の規定（制定）の趣旨を考えると，税目によっては，税率についてある程度の規制を加える必要があるということになります。

　そのため，地方税法においては，地方公共団体の採るべき税率について，税目に応じて，次のような区分を有する規定方式を採用しています。

■各税率の意義

区　分	各　　税　　率　　の　　意　　義
標準税率	地方公共団体が課税する場合において，通常よるべき税率として地方税法に定められている税率で，財政上その他の必要があると認める場合においては，これによることを要しない税率
制限税率	地方公共団体が課税する場合において，超えてはならないものとして地方税法に定められている税率
一定税率	地方公共団体が課税する場合において，地方税法に定められている税率以外の税率によることができない税率
任意税率	地方税法に税率が定められておらず，地方公共団体が任意に定めることができる税率

4　地方税の体系

　地方税は，課税主体による分類として，原則として，道府県が課する道府県税と市町村が課する市町村税とに区分されます。また，その税の使途の分類から，普通税（税の使途が特定されていないもの）と目的税（税の使途が特定されているもの）とに区分されます。

　この分類に応じた現在の地方税の体系を示すと，次頁のとおりです。

【図表】　現行の地方税体系

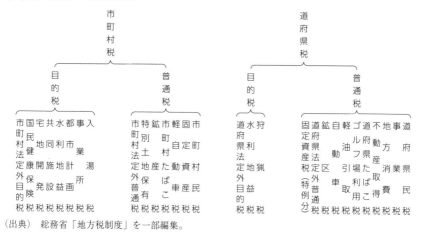

（出典）　総務省「地方税制度」を一部編集。

２　主な地方税の詳細

地方税のうち主要なものとしては，次のものが挙げられます。

1　住民税の詳細

道府県民税（東京都は都民税）と市町村民税（東京都の区は特別区民税）は，住民税と呼ばれ，両者の納税義務者，課税標準及び納期は同一です。そして，この住民税は，地方住民等の日常生活に結びついた行政サービスのために必要な経費を，地方住民等に応分の負担を求めるという趣旨から設けられているものです。なお，その内訳となる個人住民税と法人住民税の概要は，次のとおりです（地方税法第二章第一節，第三章第一節，等）。

■個人住民税の概要

> ○　個人住民税は，住民が広く地域社会の費用を分担するためのもの。
> ○　個人住民税には，道府県民税と市町村民税がある。
> ○　納税義務者は，都道府県（市町村）に住所を有する個人。

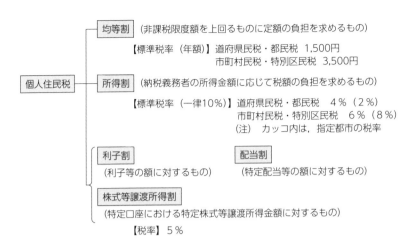

均等割　（非課税限度額を上回るものに定額の負担を求めるもの）

【標準税率（年額）】道府県民税・都民税　1,500円
　　　　　　　　　　市町村民税・特別区民税　3,500円

個人住民税　所得割　（納税義務者の所得金額に応じて税額の負担を求めるもの）

【標準税率（一律10%）】道府県民税・都民税　4％（2％）
　　　　　　　　　　　　市町村民税・特別区民税　6％（8％）
　　　　　　　　　　　　（注）　カッコ内は，指定都市の税率

利子割　　　　　　　　　　　配当割
（利子等の額に対するもの）　　（特定配当等の額に対するもの）

株式等譲渡所得割
（特定口座における特定株式等譲渡所得金額に対するもの）
【税率】5％

■法人住民税の概要

○　法人住民税は，地域社会の費用について，その構成員である法人にも個人と同様幅広く負担を求めるためのもの。
○　法人住民税には，道府県民税，市町村民税がある。それぞれ，均等割，法人税割があり，事務所等を有する法人に，その事務所等が所在する都道府県及び市町村が課税するもの。

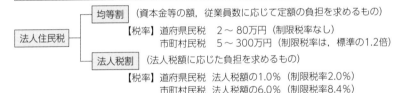

均等割　（資本金等の額，従業員数に応じて定額の負担を求めるもの）

【税率】道府県民税　2～80万円（制限税率なし）
　　　　市町村民税　5～300万円（制限税率は，標準の1.2倍）

法人住民税　法人税割　（法人税額に応じた負担を求めるもの）

【税率】道府県民税　法人税額の1.0％（制限税率2.0％）
　　　　市町村民税　法人税額の6.0％（制限税率8.4％）

（注）　法人住民税の計算の基礎となる法人税額には，グローバル・ミニマム課税（所得合算ルール）による「各対象会計年度の国際最低課税額に対する法人税の額」を含めません。

(1)　道府県民税（東京都の特別区は，都民税と次の(2)に相当する特別区民税との合算課税）

①　納税義務者及び課税範囲

道府県民税の納税義務者及び課税の範囲は，次のとおりです。

区分	納　税　義　務　者	課税範囲
個人	道府県内に住所を有する個人	均等割額及び所得割額の合算額
	道府県内に事務所，事業所又は家屋敷を有する個人で，その事務所等を有する市町村内に住所を有しない者	均等割額

法人	道府県内に事務所又は事業所を有する法人（公共法人や収益事業を行わない公益法人等の一定の法人を除きます）	均等割額及び法人税割額の合算額
	道府県内に寮などを有する法人で，その道府県内に事務所又は事業所を有しない法人	均等割額
個人	利子等の支払い又はその取扱いをする者の道府県内に所在する営業所等を通じて利子等の支払いを受ける者	利子割額
個人	一定の上場株式等の配当等及び特定口座外の割引債の償還金の差益金額（以下「特定配当等」といいます）の支払いを受ける個人で，特定配当等の支払いを受けるべき日現在において道府県内に住所を有する者	配当割額
個人	所得税において源泉徴収を選択した特定口座（源泉徴収選択口座）における上場株式等の譲渡の対価等の支払いを受ける個人で，その譲渡の対価等の支払いを受けるべき日の属する年の1月1日現在において道府県内に住所を有する者	株式等譲渡所得割額

（注）1　個人の場合の賦課期日…毎年1月1日現在の住所地などで賦課する。
　　　2　非課税となる個人………(a)　生活保護法による生活扶助を受けている者，(b)　障害者・未成年者・寡婦（寡夫）で前年中の合計所得金額が135万円以下の者

②　課税標準及び税率

道府県民税の課税標準及び税率は，次のとおりです。

区　分		個　　人	法　　人	
均等割	標準税率	年1,500円	資本金等の額	均等割
			1,000万円以下	2万円
			1,000万円超1億円以下	5万円
			1億円超10億円以下	13万円
			10億円超50億円以下	54万円
			50億円超	80万円
所得割・法人税割	課税標準	前年の所得金額から所得税と同様な各種の所得控除をした後の金額	各事業年度の法人税額	
	標準税率	4％（指定都市2％）	1.0％（制限税率2.0％）	
利子割	課税標準	支払いを受けるべき利子等の額		
	税率	5％		

183

配当割	課税標準	支払いを受けるべき特定配当等の額	
	税率	5％	
株式等譲渡所得割	課税標準	特定口座における特定株式等譲渡所得金額	
	税率	5％	

(注)　2以上の地方公共団体に事務所等を有する法人等は，課税標準を従業員数により分割した金額（分割課税標準額）を基礎として，各道府県又は各市町村の申告納付を行います。

③　申告・納付

　賦課された個人の道府県民税は，市町村民税と合わせて市町村に納付し，市町村から道府県に払い込まれます。個人は原則として毎年6，8，10，翌年1月に分けて納付しますが，給与所得者に対しては，給与の支払者が特別徴収義務者となって6月から翌年5月までの12回に分けて給与の支払いの際に特別徴収をして納付します。なお，法人は，原則として事業年度終了の日の翌日から2か月以内に申告をして納付します。

　利子割，配当割については，利子等及び特定配当等の支払いの際に，その支払者が徴収し，毎月分を翌月10日までに納付します。また，株式等譲渡所得割については，特定口座における上場株式等の譲渡の対価等の支払いの際に，その支払者が徴収し，その翌年の1月10日までに納付します。

(2)　市町村民税

　市町村民税の概要は，次のとおりです。

①　納税義務者

　道府県民税と同様，市町村内に住所，事務所等を有する個人又は法人です。

②　課税標準及び税率

　課税標準は道府県民税の均等割及び所得割又は法人税割と同じですが，税率は次のとおりです。

区　分	個　人	法　　　　人		
均等割	年3,500円	資本金等の額及び市町村内の事務所等の従業者数の区分に応じ次に掲げる金額		
		資本金等の額	従業員数の区分と均等割	
			従業員数50人超	従業員数50人以下
		1,000万円以下	12万円	5万円
		1,000万円超1億円以下	15万円	13万円
		1億円超10億円以下	40万円	16万円
		10億円超50億円以下	175万円	41万円
		50億円超	300万円	
所得割・法人税割	6％（指定都市8％）	6.0％（制限税率8.4％）		

③　申告・納付

申告・納付手続は，道府県民税と同じです。

⑶　ふるさと納税制度

住民税に関する制度である「ふるさと納税制度」の概要は，次のとおりです。

①　個人を対象とするもの

個人を対象とする「ふるさと納税制度」は，自分が応援する自治体に寄附をする制度（返礼品の受領も伴う制度）のことをいいます。

この制度を活用すると，原則として，寄附をした金額のほぼ全額が所得税と住民税とで軽減されるため，寄附をした自治体に税金を納めたことと同様の効果が生じる制度となっています。ふるさと納税制度の概要は次のとおりです。

総務大臣が指定した都道府県又は市町村に対する寄附金（ふるさと納税）の合計額うち2,000円を超える部分については，一定の上限まで，原則として次のとおり，所得税・個人住民税から全額控除されます。
① 所得税…「（寄附金−2,000円）」を所得控除
② 個人住民税…「（寄附金−2,000円）×10％」を税額控除
③ 個人住民税（特例分）…「（寄附金−2,000円）×（100％−10％−所得税率）」
　→①，②により控除できなかった寄附金額を③により，全額控除（所得割額の2割を限度）

控除外			控除額	

適用 下限額 2,000円	所得税の控除額 (ふるさと納税額−2,000円) ×所得税率	住民税の控除額 (基本分) (ふるさと納税額−2,000円) ×住民税率 (10%)	住民税の控除額 (特例分)	所得割額の 2割を限度

（注）　確定申告が不要な給与所得者には，確定申告手続が不要となる「ふるさと納税ワンストップ特
　　　例制度」もあります。
（出典）　総務省「ふるさと納税とは」を一部編集。

②　法人を対象とするもの

　法人を対象とする「ふるさと納税制度」は，青色申告法人が，2016年（平成28年）4月20日から2025年（令和7年）3月31日までの間に，地域再生法の認定地方公共団体に対してその認定地方公共団体が行った「まち・ひと・しごと創生寄附活用事業」に関連する寄附金（その寄附をした者がその寄附によって設けられた設備を専属的に利用することその他特別の利益がその寄附をした者に及ぶと認められるものを除き，以下「特定寄附金」といいます）を支出した場合には，その寄附をした日を含む事業年度の地方税から次のとおり税額控除ができるというものです。

事業年度	税　額　控　除　の　内　容		
2020年4月1日 以後に開始する事 業年度	当期の特定寄附金合計額に，次に掲げる割合を乗じた額をそれぞれ税額控除。		
	区　　　分	割　合	
	ⅰ）法人事業税額	20.0%	
	ⅱ）法人道府県民税法人税割額	5.7%	
	ⅲ）法人市町村民税法人税割額	34.3%	
	ただし，当期の法人事業税額の15%，法人道府県民税法人税割額の20%，法人市町村民税法人税割額の20%が上限です。		

　地方税を含めた負担軽減（約9割）に関する概要図は，次のとおりです。

（出典）　総務省「令和2年度税制改正の概要（地方税）」を一部編集。

2　事業税の詳細

　事業税は，個人及び法人の行う事業に対し，所得金額等を課税標準として課税される道府県民税です。事業者は，地方公共団体の各種の行政サービスを受益し，また，行政サービスの担い手としての営利活動も実施していることから，住民税とは別に，それに応じた負担を求めるというものです（地方税法第二章第二節，等）。

　個人事業税は，事業を行う事務所等の所在する都道府県が税額（事業の年額290万円を超える所得金額に対して3％〜5％）を計算し，納税通知書で納税者に通知することにより課税する賦課課税方式を採用していますが，所得税の確定申告を行う者は，原則として申告不要の制度となっています。

　一方，企業には申告納税制度が採用されています。

■法人事業税の概要

○　法人事業税は，法人が行う事業活動に着目して課される税であり，法人がその事業活動を行うに当たって地方公共団体の各種のサービスの提供を受けることから，これに必要な経費を分担すべきであるという考え方に基づき課税されるもの。
○　法人事業税は，事務所等を有する法人に，その事務所等が所在する都道府県が課税するもの。

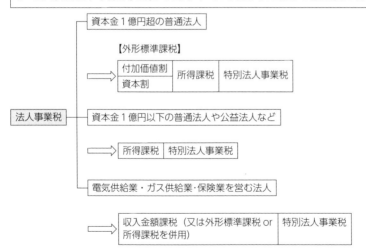

　なお，事業税については，所得の代わりに企業が受ける都道府県の行政サービスからの受益の程度をよりよく示す指標を課税標準として採用すべきである

との意見もあり，現在，資本金1億円超の法人については，下記のような外形標準の要素（付加価値割び及び資本割）を加味した外形標準課税が実施されています。

【図表】 外形標準課税制の概要（資本金1億円を超える普通法人の場合）

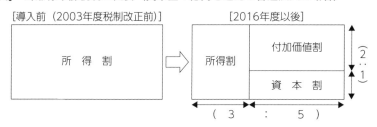

[導入前（2003年度税制改正前）] [2016年度以後]

所　得　割

所得割　付加価値割　（2:1）

資　本　割

（　3　：　5　）

所得割 （法人の所得によって課税）

付加価値割 （法人の付加価値によって課税）

$$付加価値割の額＝\left[\overset{\text{「収益分配額」}}{(\text{報酬支給額＋純支払利子＋純支払賃借料})}＋単年度損益\right]×税率$$

（注）　雇用安定控除あり

資本割 （法人の資本金等の額によって課税）

$$資本割の額＝\left[資本金の額等＋資本金の額等以外の金額の増減額\right]×税率$$

① 納税義務者

　事業税の納税義務者は，物品販売業，製造業などの事業を行う個人と，事業を行う法人（外国法人は国内に事業所又は事務所のある場合に限ります）です。
（注）　非課税…林業，鉱業などを行う法人及び個人と，農業及び自家労力で漁業を行う個人には課税されません。

② 課税標準及び税率

事業税の課税標準及び標準税率は，次のとおりです。

■個人の場合

課　税　標　準	標　準　税　率	
前年1年間の不動産所得及び事業所得から事業主控除（年290万円）等を控除した額	第1種（物品販売，製造業など）	5％
	第2種（畜産業，水産業など）	4％
	第3種（医業，弁護士など）	5％
	第3種の特定事業（医業類似事業など）	3％

■法人の場合

法人区分	課税標準	標　準　税　率		
資本金1億円超の普通法人	付加価値額	付加価値割		1.2%
	資本金等の額	資本割		0.5%
	所得金額	所得割	年間所得の金額	1.0%
資本金1億円以下の普通法人等	所得金額	所得割	年間所得のうち	
			400万円以下の金額部分	3.5%
			400万円〜800万円の金額部分	5.3%
			800万円超の金額部分	7.0%
特別法人（協同組合等及び医療法人）	所得金額	所得割	年間所得のうち	
			400万円以下の金額部分	3.5%
			400万円超の金額部分	4.9%

（注）　電気供給業，ガス供給業及び保険業の法人については，異なる税率が適用されているほか，電気供給業とガス供給業の一部の法人には，外形標準課税も導入されています。

③ 申告・納付

　個人は，前年中に生じた所得を3月15日までに申告し（申告不要制度もあり），原則として8月及び11月に納付をします。法人は原則として事業年度終了後2か月以内に申告及び納付をします。

（注）　2以上の都道府県に事務所等を有する法人は，課税標準をその法人の事業種別に応じた各事務所等の従業員数などの分割基準により分割し，その金額に各都道府県における税率を乗じて算出した税額を申告及び納付をすることになります。

【参考】 特別法人事業税

　我が国の地方公共団体間における税源と税収格差はきわめて大きく，特に事業税は大都市圏に税収が偏在しています。このため，2019年（令和元年）10月1日以後に開始する事業年度から，法人事業税に対する附加税として下表のような特別法人事業税（国税）が併課されています。

法　人　の　区　分	課税標準	税率
①　付加価値額，資本割額及び所得割額の合計額によって法人事業税が課税される普通法人（外形標準課税対象法人）	基準法人所得割額	260%
②　所得割額により法人事業税を課される特別法人		34.5%
③　所得割額によって法人事業税が課税される法人（①及び②の法人を除きます）		37%
④　収入割額によって法人事業税が課税される法人（⑤，⑥を除きます。）	基準法人収入割額	30%
⑤　小売電気事業等及び発電事業等を行う法人		40%
⑥　特定ガス供給業を行う法人		62.5%

　特別法人事業税は，税収の多い都道府県の事業税の一部を分離して特別法人事業税として徴収し，その税収を他の道府県に分配する制度であり，法人はこの税を事業税と併せて都道府県に申告し，都道府県が事業税と合わせて徴収して国に払い込み，国は払込みを受けた税収を一定の基準に従って地方に譲与することになっています。

3　固定資産税の詳細

　固定資産税は，土地，家屋，償却資産を所有する住民等とその所在地等である市町村との間における受益関係に着目した税であり，その概要は次のとおりです（地方税法第三章第二節，等）。

■固定資産税の概要

○　固定資産税は，シャウプ勧告を契機として行われた1950年（昭和25年）の地方税制度の根本的改革に伴い創設。 ○　固定資産（土地，家屋及び償却資産）の保有と市町村が提供する行政サービスとの間に存在する受益関係に着目し，応益原則に基づき，資産価値に応じて所有者に対して課税する財産税。 ○　どの市町村にも広く存在する固定資産を課税客体としており，税源の偏りが小さく市町村税としてふさわしい基幹税目。

区　分	内　容　の　概　要
課税客体	土地，家屋及び償却資産
課税主体	全市町村（東京都の23区は，東京都が課税）
納税義務者	土地，家屋又は償却資産の所有者
課税標準	価格（適正な時価）
税率	標準税率　1.4%
免税点	土地：30万円，家屋：20万円，償却資産：150万円
賦課期日	その年度の初日の属する年の1月1日

①　納税義務者

　納税義務者は，毎年1月1日現在で固定資産の所有者（所有者不明土地等の使用者で所有者とみなされる者を含みます）として課税台帳に登録されている者です。具体的には，土地及び家屋は登記簿上の所有者等を，償却資産は申告のあった所有者等を，それぞれ固定資産課税台帳に登録して納税義務者とします。

②　課税標準及び税率

　課税標準は，固定資産課税台帳に登録された固定資産の価格です。

　毎年4月1日から4月20日まで又はその年度の最初の納期限の日のいずれか遅い日以後の日までの期間，課税台帳が縦覧に供されており，評価額に不服があれば審査の申出をすることができます。

　なお，土地及び家屋は3年度ごとに評価替えを行い，償却資産は取得価額を基礎として経過年数に応じて計算した償却後の価額となっています。標準税率は1.4%です。

（注）　実際の賦課徴収に当たっては，各種政策実現（支援）等の観点から，種々の減免措置が別途講じられています。

③　免税点

　価格が土地30万円，家屋20万円，償却資産150万円に満たない場合には，課税されず，この価額が免税点（一定金額に満たなければ課税しないとする，その金額）となっています。

④　納　付

　固定資産税は，4月，7月，12月及び翌年2月において条例で定める納期に4回に分けて納付をすることになっています。

4 地方消費税の詳細

　地方消費税は，国税である消費税と同様，消費に広く負担を求める税であり，納税義務者の範囲及び非課税，免税等は，納税者の便宜等に配慮して国税の消費税と同一とされています。地方消費税の概要は次のとおりです（地方税法第二章第三節，等）。

■地方消費税の概要

項　目	内　　　　　　　容
課税主体	都道府県
納税義務者	譲渡割：課税資産の譲渡等を行った事業者 貨物割：課税貨物を保税地域から引き取る者
課税方式	譲渡割：当分の間，国（税務署）に国税の消費税と併せて申告納付（本来，都道府県に申告納付） 貨物割：国（税関）に国税の消費税と併せて申告納付
課税標準	消費税額（国税）
税率	78分の22

① 納税義務者等

　地方消費税の納税義務者は，国税である消費税と同様，国内取引については事業者が，輸入取引については外国貨物を引き取る者が，それぞれ納税義務者となります。

② 課税標準

　地方消費税の課税標準は，次のとおりです。

a）国内取引については，課税資産の譲渡等に係る消費税の税額から仕入れ等に係る消費税の税額を控除した国税である消費税の税額（譲渡割）

b）輸入取引については，課税貨物に係る国税である消費税の税額（貨物割）

③ 税　率

　地方消費税の税率は，国税の消費税額に対して78分の22（課税仕入れ等の税抜価額に対する税率換算で2.2％）です。

（注）飲食料品等の軽減税率適用のものについては，地方消費税1.76％（消費税額の22／78）となります。

④　申告納付等

a）譲渡割の賦課徴収については，納税者の事務負担等を勘案して，当分の間，国（税務署）において，国税の消費税の賦課徴収と併せて行います。

b）貨物割の賦課徴収は，国（税関）において，国税の消費税と併せて行います。

⑤　都道府県間等の清算

　都道府県は，地方消費税額に相当する額について，最終消費地に税収を帰属させるため，商業統計の小売年間販売額その他の消費に関連した基準によって都道府県間において清算を行います。なお，清算後の税収の2分の1は市町村に交付します。

3 その他の地方税の概説

　上記②以外の地方税で一般的なものとしては，以下のものがあります。

■道府県税

税　目	内　　　　　　容
不動産取得税	不動産の取得に対して，その取得者に，固定資産課税台帳に登録された固定資産の評価額を課税標準として課税され，標準税率は４％（2016年（平成28年）４月１日から2024年（令和６年）３月31日までの間に住宅及び土地の取得が行われた場合は３％）です（地方税法第二章第四節，等）。 （注）1　住宅・住宅用地の課税標準及び税額の特例制度により，都市部の平均的な一戸建住宅及び住宅用地については，実質的に非課税となっています。 　　　2　住宅用地，商業地等の取得に係る課税標準としての価格は，特例により，評価額の２分の１に圧縮されています（2024年（令和６年）３月31日まで）。 　　　　　税額＝固定資産税評価額（地価表示×70％）×１/２×税率 　　　3　各種政策実現（支援）等の観点から，種々の減免措置が講じられています。
道府県たばこ税	たばこ（加熱式たばこを含みます）の売渡しに対して課税され，納税義務者は日本たばこ産業株式会社や卸売販売業者等であり，税率は紙巻たばこ等の1,000本につき1,070円です（地方税法第二章第五節）。
ゴルフ場利用税	ゴルフ場の利用行為に対して，１日につき800円（制限税率1,200円）がその利用者に課されます（地方税法第二章第六節）。 　18歳未満の者・70歳以上の者・障害者の利用，国体・国際競技大会のゴルフ競技及び学校の教育活動の利用は，非課税とされています。
軽油引取税	元売業者又は特約業者からの軽油の引取りで現実の納入を伴うものに対して，その引取りを行う者に対して，当分の間，軽油１kℓにつき32,100円（本則は15,000円）が課税されます（地方税法第二章第七節）。
自動車税	原則として毎年４月１日における自動車の所有者に種別割が課税されます（地方税法第二章第八節）。 　自家用乗用車の標準税率は，原則としてその総排気量等によって25,000円（又は29,500円）から111,000円です。なお，環境負荷の小さい自動車（エコカー）は軽課されますが，環境負荷の大きい自動車は重課されます。 　また，2019年（令和元年）10月１日以後は，自動車の取得が行われた際に，環境性能に応じた税率（非課税〜取得価額の３％）で環境性能割が上記の種別割に併課されています。
森林環境税	我が国の温室効果ガス排出削減目標の達成や災害防止を図るための地方財源を安定的に確保する等の観点から，森林環境税が創設され，2024年（令和６年）１月１日から賦課徴収が実施されます（森林環境税及び森林環境譲与税に関する法律）。なお，この税は国税ですが，地方税の個人住民税均等割の枠組を活用して，税額の年額1,000円を市町村が個人住民税均等割と併せて徴収することになっています。また，この税は，全額が地方の固有財源として譲与税特別会計に直入され，市町村及び都道府県に対して譲与されます。

■市町村税

税　目	内　　　　　容
軽自動車税	毎年4月1日における軽自動車の所有者に対して，原則として軽自動車の種類及び総排気量に応じて，2,000円から10,800円の種別割が課税されます。なお，環境負荷の小さい自動車（エコカー）は軽課されますが，環境負荷の大きい自動車は重課されます（地方税法第三章第三節）。 　また，2019年（令和元年）10月1日以後は，軽自動車の取得が行われた際に，環境性能に応じた税率（非課税～取得価額の2％）で環境性能割が上記の種別割に併課されています。
市町村たばこ税	道府県たばこ税と同じ仕組みであり，税率は紙巻たばこ等の1,000本につき6,552円です（地方税法第三章第四節）。
入湯税	鉱泉浴場（温泉を利用する浴場）における入湯行為に対して，入湯客に対して一人1日150円が課税されます（地方税法第四章第四節）。 　この税は，環境衛生施設，鉱泉源の保護管理施設，消防施設及びその他消防活動に必要な施設の整備並びに観光の振興に要する費用に充てられる目的税です（地方税法第四章第四節）。
事業所税	人口・企業が集中し都市環境の整備・改善を必要とする都市の行政サービスとそこに所在する事務所等との受益関係に着目して，特別の負担を求める目的税であり，人口30万人以上の政令指定都市などの地方公共団体により，法人や個人の既設の事業所の床面積（1,000m^{2}超のものにつき，600円／m^2）及び従業者給与総額（100人超のものにつき，0.25／100）を基に課税されています（地方税法第四章第五節）。
都市計画税	都市計画区域のうち原則として市街化区域内に土地及び家屋を所有している者に対して，その土地や家屋の価格（固定資産税の課税標準と同じ）を課税標準として，0.3％を超えない税率で課されます。なお，免税点は，土地30万円，家屋20万円であり，賦課徴収は，原則として固定資産税と合わせて行うこととされています（地方税法第四章第六節）。

1　防衛力強化に係る財源確保のための税制措置

　我が国の防衛力の抜本的な強化を行うに当たり，歳出・歳入両面から安定的な財源を確保することとし，税制により確保する部分は，2027年度（令和9年度）に向けて複数年かけて段階的に実施することとされました。

　2027年（令和9年）度においては，1兆円強を確保することとされましたが，具体的には，「法人税」，「所得税」及び「たばこ税」について下表の措置を講ずることが，2022年（令和4年）12月23日に閣議決定された「令和5年度税制改正の大綱」において示されています。

税　目	内　　　　　容
法人税	法人税額に対し，税率4％～4.5％の新たな付加税を課す。 　中小法人に配慮する観点から，課税標準となる法人税額から500万円を控除することとする。
所得税	所得税額に対し，当分の間，税率1％の新たな付加税を課す。現下の家計を取り巻く状況に配慮し，復興特別所得税の税率を1％引き下げるとともに，課税期間を延長する。延長期間は，復興事業の着実な実施に影響を与えないよう，復興財源の総額を確実に確保するために必要な長さとする。
たばこ税	「3円／1本相当」の引上げを，国産葉たばこ農家への影響に十分配慮しつつ，予見可能性を確保した上で，段階的に実施する。

　なお，上記の措置の施行時期は，2024年（令和6年）以降の適切な時期とされています。

2 税目別の税収等の状況

国税及び地方税の税目別の税収等の状況は，次のとおりです。

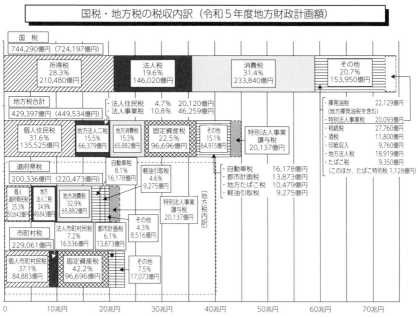

（出典）　総務省「地方税制度」を一部編集。

3 税の組織の機構等

税に関係する組織の主な機構等は，次のとおりです。

(1) 財務省（主税局等）

内部部局のうち，

主税局

組織：総務課，調査課，税制第一課，税制第二課，税制第三課，参事官

※　主税局は，内国税の制度についての法案提出を含めた企画・立案，租税収入の見積等の業務を行っています。

外局等のうち,

国税庁

組織：下記(3)参照

※　国税庁は，内国税の賦課徴収の実務，税理士制度の運営，酒類行政の監督等の業務を行っています。

地方支部分局のうち,

税　関

組織：8税関・1地区税関（総務部・監視部・業務部・調査部），68税関支署・25税関出張所・1税関監視署，他

※　税関は，「適正かつ公平な関税等の徴収」，「安全・安心な社会の実現」及び「貿易の円滑化」の3つの大きな目標を掲げ，税関業務等の運営（関税等の賦課徴収，輸出入貨物・船舶・航空機・旅客の取締り，通関業の許可，通関業者の監督，通関士試験の実施等の事務）を行っています。
(注)　輸入取引に係る消費税（内国税）の賦課徴収も行っています。

(出典)　財務省「財務省の組織・機構」・「財務省の仕事」，税関「税関の機構」・「税関の役割」，国税庁「国税庁の機構」等を一部編集。

(2)　総務省（自治税務局）

内部部局のうち,

自治税務局

組織：企画課，都道府県税課，市町村税課，固定資産税課

※　自治税務局は，地方公共団体の行政サービスの重要な原資であり，また，地域社会の会費でもある「地方税」の充実・確保を図るため，地方分権の推進とともに，日本の社会経済の変化に対応した地方税制の企画・立案を担ってその業務を行っています。

(出典)　総務省「組織案内」を一部編集。

(3)　国税庁の機構

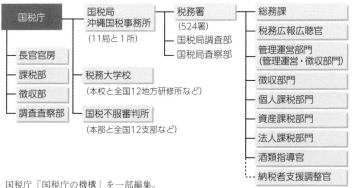

(出典)　国税庁「国税庁の機構」を一部編集。

198

(4) 国税庁の税務執行に関連する部署（抜粋：関係する業務とその内容）

① 長官官房

人事，会計，厚生等，組織全体に関わる管理事務を行うとともに，多岐にわたる税務行政全般の総合的な運営方針を企画・立案しています。

企画課

電子政府実現の一環として，納税者が自宅からインターネットを使って確定申告ができるようにするなど電子申告等の推進を行っています。さらに，税務行政の長期的な運営方針についての企画・立案のほか，高度情報化への対応，財政経済状況の調査，海外の税務行政に関する調査，各種税務統計の作成等を担当しています。

参事官（室）

国税庁の情報システムの整備及び管理に関する事務を行っています。

国際業務課・相互協議室

国際業務課では，外国税務当局との租税条約に基づく情報交換の実施や OECD 租税委員会やアジア税務長官会合（SGATAR）等の国際会議への参加，途上国への技術協力等を担当しています。

相互協議室では，国際的二重課税を排除するために外国税務当局との租税条約に基づく協議を担当しています。

② 課税部

内国税の賦課に関する事務の企画・立案，国税局・税務署の指導・監督，法令解釈の統一等を行っています。

課税総括課

課税部全体の基本方針の決定及び課税部各課の所掌事務・施策等についての総合調整を担当しています。

個人課税課

所得税（譲渡所得・山林所得に係る所得税及び源泉所得税を除きます）及び個人事業者に係る消費税に関する事務の企画・立案，指導・監督，所得税の法令解釈等を担当しています。

資産課税課

相続税，贈与税，譲渡所得・山林所得に係る所得税及び登録免許税等に関する事務の企画・立案，指導・監督，法令の解釈等を担当しています。

資産評価企画官

相続税及び贈与税等に係る財産の評価に関する事務の企画・立案，指導・監督並びに法令の解釈等を担当しています。

法人課税課

法人税，地方法人税，法人に係る消費税及び源泉所得税に関する事務の企画・立案，指導・監督，法人税，地方法人税及び源泉所得税の法令解釈等を担当しています。

消費税室

消費税の法令解釈及び事務運営に関する調整事務並びに間接諸税（印紙税，揮発油税等の10税目）に関する事務の企画・立案，指導・監督及び法令の解釈等を担当しています。

審理室

内国税（酒税を除きます）に関する法令の適用，内国税の不服申立て・訴訟に関する事務等を担当しています。

酒税課

酒税に関する事務の企画・立案，指導・監督，法令の解釈等のほか，酒類の製造・販売業の免許に関する事務，酒類業の産業行政事務等を担当しています。

中小企業の多い清酒，焼酎等の製造業及び酒類販売業の活性化・経営革新に向けた取組みへの支援，規制緩和への適切な対応，酒類容器のリサイクルの推進等環境問題への取組みなどにも取り組んでいます。

③　調査査察部

経済取引の中枢を占める大法人を調査するとともに，悪質な脱税者を摘発し，検察当局に告発するという事務を担当しています。

調査課

原則として資本金１億円以上の法人及び外国法人について，国税局調査部が行う法人税，地方法人税及び消費税の調査事務の指導及び監督を担当しています。

査察課

国税局査察部が行う査察調査（悪質な脱税者に対する刑事責任の追及を行う調査）に関する事務の指導及び監督を担当しています。

④　徴収部

国税債権・債務の管理事務や滞納国税の徴収事務を担当しています。

管理運営課

租税債権の管理，国税に係る還付金等の還付，相続税の延納，物納の許可等，振替納税の普及などの事務についての指導・監督を担当しています。

徴収課

全国の税務署や国税局が行う滞納国税の徴収に関する事務の指導・監督，法令の解釈・適用及び不服申立て・訴訟に関する事務を担当しています。

(5)　国税局（沖縄国税事務所）・税務署の各機構

地方支分部局の区分として，国税局と沖縄国税事務所があります。11の国税局には518の税務署があり，沖縄国税事務所には６の税務署があります。

■国税局・沖縄国税事務所

全国に置かれている11の国税局及び沖縄国税事務所（全部で12支分部局）は，国税庁の指示を受けて，税務署の賦課・徴収事務について指導及び監督を行うとともに，自らも大法人等の税務調査，国税犯則取締に基づく犯則事件の調査（査察），大口滞納の滞納整理を行っています。

　国税局は国税庁と税務署との間のパイプ役であるとともに，特定事務については，税務署の管轄を越えた広い地域にわたって，自ら賦課・徴収を行っています。国税局は，いわば税務行政の地方拠点です。

国税局（所）	管轄の都道府県名					
札幌国税局	北海道					
仙台国税局	青森県	岩手県	宮城県	秋田県	山形県	福島県
関東信越国税局	茨城県	栃木県	群馬県	埼玉県	新潟県	長野県
東京国税局	千葉県	東京都	神奈川県	山梨県		
金沢国税局	富山県	石川県	福井県			
名古屋国税局	岐阜県	静岡県	愛知県	三重県		
大阪国税局	滋賀県	京都府	大阪府	兵庫県	奈良県	和歌山県
広島国税局	鳥取県	島根県	岡山県	広島県	山口県	
高松国税局	徳島県	香川県	愛媛県	高知県		
福岡国税局	福岡県	佐賀県	長崎県			
熊本国税局	熊本県	大分県	宮崎県	鹿児島県		
沖縄国税事務所	沖縄県					

■税務署

　税務署は，国税庁や国税局の指導及び監督のもとに，内国税の賦課・徴収を担当する最前線の執行機関であり，納税者と最も密接なつながりを持つ行政官庁です。

　全国に524署置かれており，それぞれ各国税局，沖縄国税事務所に所属して次のような業務を行っています。

　　総務課…税務署の事務の総括
　　税務広報広聴官…租税教育，広報広聴活動等
　　管理運営部門…租税債権の管理，納税証明書の発行など
　　徴収部門…滞納整理など
　　個人課税部門…申告所得税，消費税等（個人事業者）の相談と調査
　　資産課税部門…相続税，贈与税，土地・家屋等を譲渡したときの所得税等についての相談と調査
　　法人課税部門…法人税，消費税等（法人），源泉所得税，印紙税，酒税等の相談と調査
　　酒類指導官…酒税の相談や調査

【著者紹介】

山内　克巳（やまうち　かつみ）

国税庁法人税課課長補佐，税務大学校教育第一部教授，国税不服審判所（本部）国税審判官，東京国税局調査第四部統括国税調査官，東京国税局課税第一部審理課長，大森税務署長，東京国税不服審判所部長審判官，高松国税不服審判所長を歴任し，平成26（2014）年退官。現在，開業税理士。

（主な著書）

『DHC 会社税務釈義』，『詳解　会社税務事例』，『税務重要裁決事例　個人編』（以上，共著，第一法規），『国税 OB による　税務の主要テーマの重点解説』（共著，大蔵財務協会），『給与課税実務問答集』（清文社），『改訂版　図解と設例で理解する！　外国税額控除の仕組みと実務上の留意点』（第一法規）

税法入門ハンドブック（令和5年度版）

2023年9月20日　第1版第1刷発行

著　者	山　内　克　巳
発行者	山　本　　　継
発行所	㈱中　央　経　済　社
発売元	㈱中央経済グループ パブリッシング

〒101-0051　東京都千代田区神田神保町1-35
電話　03（3293）3371（編集代表）
03（3293）3381（営業代表）
https://www.chuokeizai.co.jp
印刷／昭和情報プロセス㈱
製本／㈲井上製本所

©2023
Printed in Japan

＊頁の「欠落」や「順序違い」などがありましたらお取り替えいたしますので発売元までご送付ください。（送料小社負担）

ISBN978-4-502-47051-6　C3034